Em defesa do casamento

DR. JAMES DOBSON

EM DEFESA DO CASAMENTO

*um plano de ação para a
preservação da família*

Vida

EDITORA VIDA
Rua Isidro Tinoco, 70 Tatuapé
CEP 03316-010 São Paulo, SP
Tel.: 0 xx 11 2618 7000
Fax: 0 xx 11 2618 7030
www.editoravida.com.br

©2004, 2007, de James Dobson
Originalmente publicado nos EUA com o
título *Marriage under Fire*
Copyright da edição brasileira ©2011,
Editora Vida
Edição publicada com permissão de
TYNDALE HOUSE PUBLISHERS
Todos os direitos reservados.

■

Todos os direitos em língua portuguesa
reservados por Editora Vida.

PROIBIDA A REPRODUÇÃO POR QUAISQUER
MEIOS, SALVO EM BREVES CITAÇÕES, COM
INDICAÇÃO DA FONTE.

■

Scripture quotations taken from Bíblia
Sagrada, Nova Versão Internacional, NVI ®.
Copyright © 1993, 2000 by International Bible
Society ®. Used by permission IBS-STL U.S. All
rights reserved worldwide. Edição publicada
por Editora Vida, salvo indicação em contrário.

Editor responsável: Sônia Freire Lula Almeida
Editor-assistente: Gisele Romão da Cruz Santiago
Tradução de Emirson Justino da Silva
Revisão de tradução: Josemar de Souza Pinto
Revisão de provas: Equipe Vida
Diagramação e capa: Karine dos Santos Barbosa

Todas as citações bíblicas e de terceiros foram
adaptadas segundo o Acordo Ortográfico da
Língua Portuguesa, assinado em 1990, em
vigor desde janeiro de 2009.

1. edição: fev. 2011
1ª reimp.: ago. 2011

Dados Internacionais de Catalogação na Publicação (cip)
(Câmara Brasileira do Livro, SP, Brasil)

Dobson, James
  Em defesa do casamento: um plano de ação para a preservação da família
/ James Dobson; tradução Emirson Justino da Silva. — São Paulo: Editora
Vida, 2011.

  Título original: *Marriage under fire*.
  ISBN 978-85-383-0189-9

  1. Casais — Psicologia 2. Casamento 3. Família 4. Lei do casamento
5. Valores sociais I. Título.

10-13808	CDD-306.81

Índice para catálogo sistemático:
1. Casamento : Sociologia   306.81

Sumário

Capítulo 1 — O estado de nossa união..........................7

Capítulo 2 — Como nos metemos nessa confusão?..29

Capítulo 3 — Por que precisamos defender nossa posição 45

Capítulo 4 — Seguindo a verdade em amor 67

Capítulo 5 — Como podemos defender nossa posição 81

Perguntas comuns sobre o "casamento gay" 97

Recursos para pessoas interessadas 107

Capítulo 1

O estado de nossa união

Eis a instituição do casamento, um dos mais maravilhosos e duradouros presentes do Criador à humanidade! O plano divino revelado a Adão e Eva no jardim do Éden é descrito de modo sucinto em Gênesis 2.24, em que lemos: "Por essa razão, o homem deixará pai e mãe e se unirá à sua mulher, e eles se tornarão uma só carne". Com essas 22 palavras, Deus anuncia a ordenação da família, muito antes de estabelecer as outras duas grandes instituições humanas, a Igreja e o Estado.

Já se passaram mais de cinco mil anos de história escrita, mas, ainda assim, todas as civilizações da história do mundo foram construídas sobre essa instituição.[1] A despeito dos céticos de hoje, que afirmam ser o casamento uma invenção fora de moda, criada por cristãos de mente fechada, o desejo de homens e mulheres de "deixar pai e mãe" e "se unir" tem sobrevivido e vicejado em tempos de prosperidade, paz, fome, guerra, epidemia

---

[1] WESTERMARCK, Edward. **The History of Human Marriage**. New York: Allerton Book Company, 1922.

e toda e qualquer outra possível circunstância e condição. Tem sido o fundamento da cultura na Ásia, na África, na Europa, nas Américas, na Austrália e até na Antártida. Dada sua continuidade jamais interrompida, pode-se suspeitar de que algo místico dentro da natureza humana atraia os sexos opostos — não apenas por propósitos de reprodução, como acontece com os animais, mas também para satisfazer um irreprimível anseio por companhia, intimidade e união espiritual. Quem, na verdade, poderá duvidar disso? A paixão encontra sua realização na instituição do casamento.

Reconhecidamente, houve períodos na História em que a homossexualidade floresceu, como nas cidades bíblicas de Sodoma e Gomorra, na Grécia antiga e no Império Romano. Nenhuma dessas civilizações, no entanto, sobreviveu. Além disso, mesmo onde a perversão sexual era tolerada, o casamento continuou a ser honrado na lei e nos costumes.

Somente nos últimos anos, dois países, Holanda e Bélgica, legalizaram aquilo que é chamado de "casamento *gay*", concedendo-lhe *status* idêntico ao da união tradicional entre homem e mulher.[2]

---

[2] Kurtz, Stanley. The End of Marriage in Scandinavia, **Weekly Standard**, 2 fev. 2004, p. 27. (Embora não seja considerada tecnicamente como casamento, a parceria sexual registrada tem sido tratada como equivalente ao relacionamento conjugal na Escandinávia há mais de uma década.) [Em 2010 o "casamento igualitário" foi aprovado também na Argentina (N. do E.).]

O impacto desse amplo experimento sociológico não é mais puramente especulativo. Podemos ver até onde leva, ao observar os países escandinavos — Noruega, Dinamarca e Suécia —, cujos líderes aceitaram o casamento *de facto* entre homossexuais na década de 1990. As consequências sobre a família tradicional têm sido devastadoras. A instituição do casamento está morrendo rapidamente nesses países, nos quais casais jovens, em sua maioria, moram juntos ou optam por permanecerem solteiros. Em algumas áreas da Noruega, 80% dos primogênitos são concebidos fora dos laços do casamento, assim como 60% dos nascimentos subsequentes.[3] Ao que parece, mexer com o antigo plano criado para homens e mulheres é sinônimo de desestabilização para a família e tudo o que a ela se relacione. Em capítulo subsequente, procurarei mostrar meu ponto de vista.

De maneira sucinta, a instituição do casamento representa o próprio fundamento da ordem social humana. Tudo o que há de valor social se apoia nessa base: instituições, governo, fervor religioso e bem-estar dos filhos dependem de sua estabilidade. Quando é enfraquecida ou minada, toda a estrutura passa a estremecer. Foi exatamente o que ocorreu durante os últimos trinta e cinco anos, à medida que feministas radicais, legisladores liberais e exploradores

---

[3] Kurtz, Stanley. Death of Marriage in Scandinavia, **Boston Globe**, 10 mar. 2004, p. A23.

da indústria de entretenimento causaram estragos à estabilidade do casamento. Muitos de nossos problemas sociais prementes podem ter sua causa atribuída a essa origem.

FEITOS UM PARA O OUTRO

Uma razão pela qual a preservação da família é crucial para a saúde das nações é a enorme influência que os sexos têm um sobre o outro. Eles são projetados especificamente para se "encaixar", tanto física quanto emocionalmente, e nenhum dos dois fica totalmente confortável sem o outro. Há exceções, é claro, mas não são a norma. George Gilder, brilhante sociólogo, autor do livro *Men and Marriage* [Homens e casamento], declara que as mulheres possuem a chave para a estabilidade e a produtividade masculina.[4] Quando a esposa acredita em seu marido e o respeita profundamente, ele ganha a confiança necessária para ser bem-sucedido na competição do dia a dia e para viver de modo responsável. Ela lhe dá razões para aproveitar sua energia masculina — construir um lar, conseguir e manter um emprego, ajudá-la a criar os filhos, permanecer sóbrio, viver dentro da Lei, gastar dinheiro com sabedoria etc. Sem a influência feminina

---

[4] GILDER, George. **Men and Marriage**. Gretna, LA: Pelican Publishing Company, 1986, p. 62-63.

positiva, a tendência do homem é liberar o poder da testosterona de maneira destrutiva para si mesmo e para a sociedade como um todo.

Vemos a assertiva de Gilder se materializar em diversas áreas, sobretudo das grandes cidades. Um sistema de pensão para pessoas carentes, dentro do programa social posto em prática nos Estados Unidos, acabou por gerar milhões de homens inúteis. Essa assistência governamental, quando concedida a mulheres e crianças, era reduzida ou negada se houvesse um pai presente em casa. Se não, era o vale-alimentação que punha comida na despensa; o Departamento de Habitação e Desenvolvimento Urbano do governo enviava homens para resolver problemas de manutenção e reparos na casa; se os filhos se metiam em problemas, entravam em cena assistentes sociais para ajudar. Desse modo, os homens se tornavam inúteis depois do ato de fecundação. Quem precisava deles? Gilder sustenta que esse afastamento dos homens de suas mulheres e seus filhos explica por que os índices de uso de drogas, alcoolismo, crime e pais ausentes têm crescido nas áreas centrais das grandes cidades. Os homens foram descartados do seu papel histórico de provedores e protetores, o que extraiu deles a dignidade masculina e os destituiu de importância e finalidade. Desse modo, sua energia tornou-se uma força destrutiva, em vez de direcionada para impulsionar o crescimento e o desenvolvimento pessoal.[5]

Apresentando-se então a questão de modo positivo, a estabilidade e direção de um homem depende daquilo que obtém de uma mulher, razão pela qual o elo que ocorre entre os sexos é tão importante para a sociedade como um todo. O casamento bem-sucedido serve para "preparar" a masculinidade, algo que não apenas concorre para maior benefício das mulheres, mas também é fundamental para a proteção e o bem-estar das gerações seguintes.

Por outro lado, uma mulher normalmente tem anseios profundos que só podem ser satisfeitos por meio de um relacionamento romântico e de longo prazo com um homem. Sua autoestima, seu contentamento e sua satisfação são geralmente alcançados com a intimidade de coração a coração que ocorre no casamento. Infelizmente, muitos dos maridos jovens acham que a necessidade emocional presente na esposa é não apenas confusa, mas totalmente desconcertante em alguns momentos.

Isso, sem dúvida, aconteceu comigo, no início de meu relacionamento conjugal com minha esposa, Shirley. Foram necessários vários anos de casamento para eu "entender" a respeito do assunto, e tivemos

---

[5] GILDER, George. **Men and Marriage**. Gretna, LA: Pelican Publishing Company, 1986, p. 62-63.

de experimentar alguns solavancos na estrada enquanto eu tentava entender o que realmente estava acontecendo.

O conflito mais terrível entre nós aconteceu no nosso primeiro Dia dos Namorados juntos, seis meses depois de casados. Foi um verdadeiro desastre. Eu tinha ido à biblioteca da Universidade do Sul da Califórnia naquela manhã e passei de oito a dez horas revirando livros e revistas empoeirados. Esqueci que data era. O pior de tudo é que não me dei conta dos preparativos que estavam acontecendo em casa. Shirley preparou um jantar maravilhoso, fez um bolo em forma de coração, decorado com glacê cor-de-rosa e a frase "Feliz Dia dos Namorados" escrita por cima. Colocou diversas velas vermelhas sobre a mesa, embrulhou com carinho um presentinho que havia comprado para mim e escreveu em um cartão um lindo bilhete de amor. O cenário estava todo montado. Ela certamente abriria a porta para mim e me daria um abraço e um beijo. No entanto, lá estava eu, do outro lado de Los Angeles, beatificamente alheio à tempestade que se estava formando sobre a minha cabeça.

Por volta das 20 horas, fiquei com fome e pedi um hambúrguer na lanchonete da universidade. Depois de comer, fui até meu Volkswagen e parti para casa. Então, cometi um tremendo erro do qual me arrependeria por muitas luas: parei para ver meus pais, que moravam perto da rodovia. Mamãe me cumprimentou com alegria e me serviu um pedaço enorme de torta de maçã. Isso selou meu destino.

Quando finalmente coloquei a chave na fechadura, às 22 horas, soube instantaneamente que algo estava terrivelmente errado. (Sou muito perspicaz em relação a sutilezas como essa.) O apartamento estava escuro e tudo mortalmente quieto. Ali, sobre a mesa, estava um jantar congelado, ainda servido sobre os nossos melhores pratos e travessas. Velas queimadas até a metade estavam em pé, frias e escuras, em seus castiçais de prata. Parecia que eu me esquecera de algo importante. Mas o que era? Então, notei a decoração vermelha e branca sobre a mesa. "Oh, não!", pensei.

Assim, lá fiquei eu, de pé, na semiescuridão de nossa pequena sala de estar, sentindo-me um verme. Não tinha sequer um cartão de Dia dos Namorados, quanto mais um presente carinhoso para Shirley. Nenhum pensamento romântico passara por minha cabeça o dia inteiro. Não pude sequer fingir que queria a comida seca que estava diante de mim. Depois de algumas palavras confusas e algumas lágrimas, Shirley foi para a cama e enrolou as cobertas em torno dos ouvidos. Eu teria dado mil dólares por uma explicação verdadeira e plausível para minha negligência, mas simplesmente não havia nenhuma. Não ajudou nada ter dito a ela: "Parei na

casa da minha mãe e comi um enorme pedaço de
torta de maçã. Foi maravilhoso. Você precisava
ter estado lá".

Felizmente, Shirley não é apenas uma mulher
romântica, mas também uma pessoa que perdoa.
Conversamos sobre minha falta de sensibilidade
naquela noite e chegamos a um entendimento.
Aprendi uma grande lição naquele dia e me propus
nunca esquecê-la. Tenho certeza, porém, de que não
sou o único brucutu que já subestimou a importância
do Dia dos Namorados. Deve haver vários milhões de
homens que se identificam comigo nessa e em outras
falhas minhas como marido.

Assim que entendi como minha esposa é diferente
de mim — especialmente em relação a coisas
românticas —, comecei a me concentrar no que me
havia proposto fazer. Certo dia, cheguei em casa vindo
do trabalho e pedi a Shirley que fosse comigo a um
encontro que chamei de "velhos passeios". Levei-a
a muitos dos lugares que visitáramos quando íamos
juntos à faculdade. Fomos ao Pasadena Playhouse,
onde assistimos a uma peça de teatro em nosso
segundo encontro. Passamos pelo Farmers Market
e, depois, comemos *pizza* no restaurante italiano
Micelle's, em Los Angeles. Passeamos de mãos dadas,
relembrando os tempos passados. Então, terminamos
o dia em nosso restaurante favorito em Pasadena,
famoso por sua torta de cereja e seu café. Foram uma

tarde e uma noite maravilhosas, e posso garantir que Shirley adorou tudo isso.

Naqueles primeiros dias de casados, comecei a compreender suas características pessoais e como apenas eu poderia satisfazer suas necessidades emocionais mais importantes. Shirley também estava aprendendo algumas coisas novas sobre mim. Percebeu que eu precisava do respeito dela, que ela precisava acreditar em mim e ouvir minhas esperanças e meus sonhos. Shirley dizia coisas certas não porque estivesse tentando me manipular, mas porque estava claro que ela acreditava em todas elas. Costumava me dizer: "Tenho orgulho de você e sou feliz por fazer parte do seu time. Será emocionante descobrir o que Deus fará conosco nos dias que estão à nossa frente". A maneira em que ela olhava para mim me dava confiança — eu era um estudante que nunca havia de fato realizado coisa alguma até aquele momento —, bem como força para assumir riscos na área profissional e tentar alcançar o céu. Ela estava satisfazendo uma necessidade crítica para mim, exatamente da maneira que George Gilder descreveu. Eu estava então motivado a dar a Shirley o que ela precisasse de mim.

Estamos casados há mais de quarenta anos, e tem sido uma jornada fantástica. Não consigo imaginar a vida sem ela, e ela declara sentir o mesmo em relação a mim. Sei que o casamento nem sempre se sai assim tão bem, mas essa é a maneira pela qual ele foi planejado. Quando as necessidades predominantes de um sexo não são satisfeitas ou são ignoradas pelo outro, acontece algo semelhante a uma "fome da alma". Não pode ser explicado por influências culturais obtidas na infância, como alguns nos querem fazer acreditar. É algo que está enraizado profundamente na personalidade humana. Essa observação foi confirmada por mim muitas e muitas vezes em meu trabalho profissional como psicólogo quando os mesmos padrões ficaram evidentes em casais com os quais trabalhei. Ainda que eu não pudesse entender isso nesses termos naquela época, há claramente um plano divino na natureza humana que ajusta o homem e a mulher um ao outro.

CORRENDO EM DIREÇÃO A GOMORRA

Em resumo, o casamento, quando funciona como planejado, é bom para todos — homens, mulheres, filhos, a comunidade, o país e o mundo. O casamento é o meio pelo qual a raça humana se multiplica e o meio pelo qual o ensinamento espiritual é passado de geração a geração. As pesquisas mostram repetidamente que adultos heterossexuais casados se saem melhor em praticamente todos os aspectos da saúde emocional e física do que pessoas divorciadas ou que nunca se casaram. Os casados vivem vida mais longa e feliz. Recuperam-se de doenças mais rapidamente, ganham e guardam mais dinheiro, são funcionários mais confiáveis, sofrem menos estresse e têm menor possibilidade de se tornarem vítimas de qualquer tipo de violência. Acham mais agradável a função de cuidar dos filhos e têm vida sexual mais satisfatória e gratificante. Esses e incontáveis outros benefícios do casamento servem para validar (ainda que não haja necessidade de nenhuma validação) a sabedoria do Criador, que nos disse o que era melhor para a humanidade. Declara ele no livro de Gênesis: "Não é bom que o homem esteja só" (2.18). Assim, criou para Adão uma auxiliadora, uma parceira, uma amante — e então disse aos dois: "Sejam férteis e multipliquem-se" (9.7).

Grande plano. Corremos perigo ao nos afastarmos dele.

Uma vida em conformidade com o plano e a instrução de Deus traz a maior satisfação possível, ao passo que se desviar desse projeto é um convite à catástrofe. É por isso que a Bíblia nos adverte das formas prejudiciais de comportamento sexual, incluindo sexo pré-conjugal, adultério, prostituição, incesto, bestialidade e pedofilia. A homossexualidade é apenas uma das várias maneiras pelas quais podemos nos ferir e devastar aqueles que estão ao nosso redor. Ironicamente, os ativistas homossexuais lutam com todas as suas energias para alcançar a "liberdade" das algemas da lei moral e das instituições tradicionais. Mas as Escrituras nos ensinam que a verdadeira liberdade e a satisfação genuína somente podem ser encontradas quando vivemos em harmonia com o projeto feito para nós.

A família e o casamento tradicional, conforme definidos desde o início dos tempos, estão entre as poucas instituições que, de fato, sobreviveram ao teste do tempo. Se optarmos por não fazer nada enquanto essas instituições estão sendo arruinadas, a família, como a conhecemos há milênios, será destruída. E com sua morte virá um caos como o mundo jamais viu.

É por isso que estou profundamente preocupado com o empenho que se faz para alterar indevidamente essa instituição honrada pelo tempo. Por quase sessenta anos, o movimento ativista homossexual e entidades a ele relacionadas têm trabalhado para pôr em prática um plano mestre que tem como ponto central a destruição completa da família.[6] Segundo esse ponto de vista, a instituição do casamento e a Igreja cristã são tudo o que se acha no caminho da realização de todas as aspirações do movimento. Seus objetivos incluem aceitação universal do estilo de vida *gay*,

---

[6] SOCARIDES, Charles W., dr. **A Freedom Too Far**. Phoenix, AZ: Adam Margrave Books. KIRK, Marshall K.; PILL, Erastes, "The Overhauling of Straight America, **Guide**, nov. 1987.

descrédito das passagens bíblicas que condenam a homossexualidade, amordaçamento do clero e da mídia cristãos, concessão de privilégios especiais e direitos na lei, doutrinação de crianças e gerações futuras por meio de educação pública e garantia de todos os benefícios legais do casamento para quaisquer duas ou mais pessoas que declarem ter tendências homossexuais.

Esses objetivos radicais, que pareciam impensáveis apenas alguns anos atrás, já foram amplamente conquistados ou estão agora bem perto disso. Nós, nos Estados Unidos e na Europa, não estamos simplesmente "andando vagarosamente em direção a Gomorra", como o juiz Robert Bork advertiu, em famoso livro de sua autoria;[7] estamos correndo em direção a ela.

Para citar outra metáfora, a antiga barragem de terra que tem mantido e protegido o reservatório dos valores e crenças judaico-cristãs, desde os dias dos fundadores da nação norte-americana, apresenta, há décadas, sérios vazamentos. A cada ano, o dano estrutural tem se tornado cada vez maior, e nos últimos tempos, então, toda a estrutura parece ter cedido.

Milhares de homossexuais, em um punhado de cidades, têm procurado tirar licença de casamento, em uma imagem fiel do colapso do governo da lei. Essa

---

[7] BORK, Robert H. **Slouching Towards Gomorrah:** Modern Liberalism and American Decline. New York: Regan Book, 1997.

ilegalidade grosseira tem encontrado oposição apenas esporádica por parte dos agentes da lei e do governo.

Uma triste revolução, de enormes proporções, paira diante de nós. Como se poderá ver nos capítulos seguintes, o movimento transformou-se em um verdadeiro *tsunami* — uma onda gigantesca que ameaça cobrir todo aquele que se apresentar em seu caminho. Não me recordo de época alguma em que o casamento tenha enfrentado tamanho perigo ou forças reunidas contra ele tenham sido tão mais formidáveis ou determinadas. A não ser por um milagre, a família como é conhecida desde tempos imemoriais vai desmoronar. Este é um momento para coragem e sabedoria ainda maiores do que as que temos sido chamados a exercer.

Em artigo recente na *National Review Online*, Maggie Gallagher escreve: "O casamento *gay* não é uma questão secundaria; é *o próprio* debate sobre o casamento". Ela destaca: "As consequências de nosso recuo atual diante do casamento não representam uma florescente ordem social libertária, mas, sim, uma expansão gigantesca do poder estatal e um enorme aumento na desordem social e no sofrimento humano".[8]

Essa tremenda advertência de Gallagher foi repetida em editorial do jornal *Boston Globe*, de autoria de Jeff Jacoby. Assinala Jacoby: "A adoção

---

[8] GALLAGHER, Maggie. The Stakes, **National Review Online**, 14 jul. 2003.

do casamento entre pessoas do mesmo sexo fará ruir um duradouro sistema de valores compartilhados. Mudará pressuposições e expectativas com as quais a sociedade trabalha há muito tempo — a de que homens e mulheres não são intercambiáveis, por exemplo, e a de que a razão central do casamento é gerar filhos com mães e pais em um ambiente seguro e amoroso".[9]

Ele continua, dizendo: "Tenho o mau pressentimento de que na geração seguinte à legalização do casamento entre pessoas do mesmo sexo, as famílias serão ainda menos estáveis do que hoje, os índices de divórcio serão ainda maiores e os filhos estarão menos seguros. Expressar uma advertência tão horrenda quanto essa é ser rotulado de alarmista, reacionário, intolerante e coisas piores [...]. Mas não é intolerância tentar aprender com a História ou destacar que algumas instituições sobreviveram ao teste do tempo porque são as únicas que *conseguem* sobreviver ao teste do tempo".[10]

DESPERTANDO PARA O PERIGO

Agora, porém, deixe-me dar algumas notícias muito boas. Sinto-me incentivado e fortalecido pelas

---

[9] JACOBY, Jeff. Gay Marriage Would Change Society's Ideal, **Boston Globe**, 6 jul. 2003, p. H11.

[10] Ibid.

inegáveis evidências de que a Igreja institucional está finalmente despertando. Durante cerca de trinta anos, tenho esperado e orado para que pastores e suas congregações repletas de pessoas que creem na Bíblia possam reconhecer os perigos que têm assolado tudo aquilo que defendem. Lembro-me de me haver sentado em uma igreja na década de 1970 e orar pedindo que os líderes cristãos respondessem aos argumentos da revolução sexual e ao ataque à moralidade lançado por pessoas como Hugh Hefner e Phil Donahue. Alguns pastores aceitaram o desafio, mas muitos, não. Era comum ouvir o silêncio do nosso lado da linha.

Finalmente, porém, algo dramático está acontecendo nessa frente. Assim como o ataque a Pearl Harbor em 1941, perpetrado pelo Império Japonês, serviu para motivar e mobilizar as forças armadas dos Estados Unidos, parece que o feroz assalto ao casamento e à Igreja nos últimos meses começou a revigorar o povo da fé. Vejo indicações de que a Igreja está arregimentando suas forças e se preparando para enfrentar o desafio. O mal tem sua maneira de se expandir, e parece que é isso o que tem acontecido em relação ao assalto grosseiro e fora da lei perpetrado contra o casamento e a moralidade bíblica. Por estranho que pareça, as ameaças que estamos enfrentando hoje podem ser o veículo para uma Igreja revitalizada. E é animador ver isso acontecer.

Um exemplo característico é o convite que recebi em maio de 2004 para falar em Seattle em um congresso organizado pelo dr. Ken Hutcherson e colegas pastores daquela região. O nome do congresso era "*Mayday*[11] para o casamento", tendo sido realizado no Safeco Field, estádio onde joga o time de beisebol dos Mariners. Apesar de os pastores terem apenas trinta dias para organizar o congresso, mais de 20 mil participantes compareceram ao evento naquele dia.[12] Cerca de 300 manifestantes homossexuais também estavam nas arquibancadas, de onde gritaram por duas horas. Em determinado ponto no início de minha palavra, parei, virei-me para os caluniadores e disse: "Quero que vocês saibam que são bem-vindos aqui. Vocês têm todo o direito de lutar por aquilo em que acreditam, e estamos felizes por tê-los aqui conosco. Mas discordamos de seus planos para a família e faremos o que for possível para defendê-la". Diante disso, 20 mil pessoas se levantaram com os braços estendidos na direção dos manifestantes e os saudaram com um bramido ensurdecedor.

---

[11] Sinal usado em radiotelefonia internacional como pedido de auxílio. [N. do E.]

[12] TURNBULL, Lornet; COOLICAN, Patrick. Two Sides of Gay-Marriage Debate Face Off at Safeco Field Rally: Event Draws 20,000 People, **Seattle Times**, 2 mai. 2004, p. A1.

Semanas antes, fui convidado a falar a pastores da região de Portland, Oregon. Esperávamos ter cerca de mil membros do clero na plateia, mas apareceram 2.200, vindos de todo o estado. Aquela foi a maior assembleia desse tipo já realizada na cidade. A participação dos pastores numa segunda-feira, geralmente seu dia de descanso, é um testemunho da preocupação ali evidenciada. Na noite anterior ao evento, reuni-me com o dr. Frank Damazio, Tim Nashif e outros de seus organizadores, na City Bible Church. Depois de nos conhecermos, perguntaram se eu gostaria de ir ao andar de baixo, onde estava sendo realizada uma reunião de oração em favor da preservação do casamento e pelas atividades do dia seguinte. Esperava ver 20 ou 30 pessoas reunidas ali embaixo para orar e, no entanto, deparei com nada menos que mil pessoas, de pé, orando em voz alta, com as mãos estendidas ao céu. Não pude conter minha emoção. Claro que algo de dramático está acontecendo no noroeste do Pacífico norte-americano, onde a ameaça à família vem sendo enfrentada por uma comunidade de fé bastante determinada.

Isso também acontece em outros lugares. Congressos semelhantes já ocorreram em San Francisco, Chicago, San Jose e Atlanta.[13] Ao

---

[13] MASTERSON, Kathryn. Chicago Couples Take Wait and See Attitude, **Chicago Tribune**, 3 mai. 2004, p. A3. NIESSE, Mark. Black Clergy

escrevermos este livro, 1 milhão de casais eram esperados em um evento desses, marcado para outubro de 2004 em Washington D.C.

Há outras boas notícias no horizonte. A Igreja metodista unida, EUA, depois de três anos de debate e forte discussão, decidiu, em 4 de maio de 2004, reafirmar tanto sua oposição à homossexualidade como proibição à ordenação de homossexuais não celibatários.[14]

Os metodistas não estão sozinhos. Por mais de trinta anos, a Igreja presbiteriana dos Estados Unidos tem resistido com sucesso ao ataque incansável de uma minoria que deseja a aceitação de homossexuais no clero e até do próprio casamento *gay*.[15] Aplaudo sua postura firme e perseverante. Do mesmo modo, os batistas da Convenção do Sul dos Estados Unidos têm se posicionado de maneira firme diante de campanhas da mídia dedicadas a caracterizar sua oposição à homossexualidade como intolerância.

Rally in Atlanta to Dispel Comparisons Between Civil Rights and Gay Marriage, **Associated Press**, 23 mar. 2004. REANG, Putsata. Two Thousand Evangelicals Rally Against Gay Marriage, **San Jose Mercury News**, 5 abr. 2004, p. A9. TORASSA, Ulysses. Thousands Protest Legalizing Same-Sex Marriage: Asian Americans, Christians Rally in Sunset District, **San Francisco Chronicle**, 26 abr. 2004, p. B1.

[14] SMITH, Peter. Church Backs Opposition to Homosexuality, **Courier-Journal**, 5 mai. 2004, p. A1.

[15] NOLAN, Bruce. Ban on Same-Sex Unions Is Defeated, **Times-Picayune**, 24 fev. 2001, p. A13.

Essas e outras denominações merecem nossos parabéns por resistirem às forças poderosas que tentam "reformar" a Igreja e sua teologia. Devemos permanecer vigilantes sempre, pois, como disse Margaret Thatcher, ex-primeira-ministra da Inglaterra, "agora não é a hora de vacilar".[16]

Não apenas a Igreja está começando a abordar essa questão, mas os governos estaduais norte-americanos também estão entrando em ação. À época da redação deste texto, 38 estados já haviam aprovado um documento denominado Ato de Defesa do Casamento, ou DOMA [Defense of Marriage Acts], na sigla em inglês.[17] Embora os tribunais possam anulá-las, essas inovações na legislação deixam claro quanto a família é considerada importante e quanto os representantes eleitos do povo reconhecem sua responsabilidade em defendê-la. Cerca de 12 estados estão considerando ainda a inclusão de emendas constitucionais visando à proteção do casamento.[18] Está claro que a maioria dos cidadãos deste país não deixará que a família desabe sem lutar.

Existe esperança. Ainda podemos virar o jogo. A maioria dos norte-americanos quer que o casamento sobreviva. Mas precisamos de um

---

[16] WALKER, Martin. Golden Tribute to Iron Lady, **Guardian,** 8 mar. 1991.

[17] Veja <www.family.org/cforum/extras/a0029774.cfm>.

[18] A Look at What Lies Ahead in the United States' Debate Over Same-Sex Marriage, **Associated Press,** 17 mai. 2004.

despertamento amplo, que abale a nação, e precisamos disso imediatamente.

Vale a pena nos esforçar ao máximo para proteger a saúde e a vitalidade da família tradicional. Sobre essa instituição se apoiam o bem-estar das futuras gerações e a viabilidade do nosso país. Na verdade, a própria civilização ocidental está em jogo. Não podemos permitir que essa instituição ordenada por Deus seja lançada na pilha de cinzas da História.

Capítulo 2

Como nos metemos nessa confusão?

Quando a Alemanha nazista fez suas tropas marcharem sobre a Áustria e "anexou" a Checoslováquia, no final da década de 1930 — revelando as perigosas e assustadoras intenções de Adolf Hitler —, a resposta do restante dos países da Europa foi impressionante: não fizeram nada. A França tremeu. A Rússia procurou fechar um acordo. A Suíça e a Suécia se declararam neutras. A Itália fascista uniu suas forças com a Alemanha. O primeiro-ministro da Inglaterra, Neville Chamberlain e seus aliados políticos apostaram suas expectativas em uma política de apaziguamento. Em essência, a estratégia geral foi ignorar a ameaça nazista, dar a Hitler o que ele queria e esperar contra a esperança que o problema desaparecesse em pouco tempo. Não desapareceu.

Hitler continuou em sua ânsia por maior poder e, por fim, subjugou a maior parte dos povos europeus à tirania e à escravidão. Chamberlain foi forçado a renunciar, em meio à humilhação. Não demorou muito, porém, e a Grã-Bretanha levantou-se sozinha contra as forças nazifascistas. Somente a coragem e a fé do povo britânico — reunidas por seu decidido primeiro-ministro, Winston Churchill — o capacitou a resistir ao ataque da *blitzkrieg* germânica e, com a ajuda dos Estados Unidos e demais forças aliadas, ir gradativamente revertendo a maré da guerra. A crise foi resolvida, mas com grandes sacrifícios. O custo de vidas foi impressionante. Milhões de homens, mulheres e crianças perderam a vida na batalha pela liberdade. Churchill chamou a situação de o conflito mais evitável da História, declarando: "Nunca houve uma guerra mais fácil de ser impedida do que essa, que simplesmente devastou o que restara no mundo da luta anterior".[1] Covardia e timidez foram a regra inicial. A resposta apática da Europa ao militarismo alemão permitiu que um ditador cruel pusesse o mundo sob uma longa e escura noite de morte, sofrimento e opressão.

Hoje, mais de seis décadas depois, e deste outro lado do Atlântico, vemo-nos numa terrível batalha, de outro tipo, mas que também ameaça a própria existência de nossa sociedade. Não é uma luta travada com armas e bombas, mas, sim, com ideias e artifícios, com o uso astucioso da lei e métodos de intimidação. É uma batalha pela própria alma da humanidade.

---

[1] Veja <www.polybiblio.com/bud/18642.html>.

Antes da recente reação no seio da Igreja, a resposta norte-americana a essa ameaça não passava de vergonhoso eco à reação covarde e patética de Neville Chamberlain ante o nazismo. Todavia, muitos de meus compatriotas parecem ainda pensar assim: "Pode ser que, se ignorarmos aqueles que se opõem a nós, isso simplesmente desapareça". E é exatamente isso que a maioria de nossos líderes políticos continua achando sobre a questão. No momento em que escrevo, menos de um terço do Senado norte-americano defende o casamento.[2] De acordo com fontes do Senado, apenas dez dos senadores estão dispostos a falar ativamente sobre a questão. Que tragédia! O futuro do país está em crise, e, ainda assim, parece que os apaziguadores pensam tão somente em si mesmos e em seus feudos político-eleitorais. Aqueles que não tomarem posição decisiva neste momento de grande crise moral não merecem permanecer nos lugares para os quais os elegemos.

Por que, no entanto, deveríamos nos surpreender com a falta de compromisso com a família na Washington contemporânea? Isso já vem de muitos anos. O Congresso, consumido por seus próprios interesses, nunca se importou muito com a família. Durante trinta e dois anos, democratas e republicanos taxaram tolamente o casamento

---

[2] Auditoria interna feita por telefone no Senado dos Estados Unidos em maio de 2004.

tradicional com impostos mais altos do que àqueles que viviam em coabitação irresponsável.[3] Finalmente, a administração Bush cuidou, em 2001, de nossas preocupações e espera-se que o Congresso considere que os cortes nos impostos sejam permanentes.

O presidente Bill Clinton colocou-se na frente da Casa Branca, perto do fim de seu segundo mandato, para dizer aos jornalistas que permitir que as famílias ficassem com mais do seu próprio dinheiro seria de fato "dissipar" o superávit.[4] Isso foi ultrajante ou mais o quê? Um presidente da República, falando em nome de um governo que desperdiça incontáveis milhões de dólares a cada dia, estava preocupado com mães e pais que gastariam a mais do seu próprio dinheiro — dinheiro que, achava ele certamente, deveria ser mandado para Washington para ser protegido. Procurei alguma reação da mídia, mas não encontrei uma piada sequer de protesto daqueles que deveriam proteger o interesse público.

Assim, um alto índice de "penalidade" pelo casamento sobreviveu na década de 1990. Mães e pais que cuidavam de filhos, preparando seus lanches, ajudando-os com a lição de casa,

---

[3] RANKIN, Deborah. Taxes: Plans to Ease Marriage Levy, **New York Times**, 9 set. 1980, p. D1.

[4] President William J. Clinton Delivers Weekly Radio Address, FDCH Political Transcripts, 5 ago. 2000.

colocando os filhos na cama à noite e orando com eles, pagavam impostos maiores do que aqueles que simplesmente viviam juntos fora dos laços do casamento. Nossos congressistas sabiam dessa desigualdade, mas recusavam-se insistentemente a abordar a questão, até serem cutucados pela administração Bush. A desconsideração do Congresso americano pela família revelou sua falta de apreciação pelo papel vital que essa instituição histórica tem desempenhado na manutenção da saúde e da força do país. Enquanto isso, a vitalidade das famílias continuava a declinar.

Em 1999, a dra. Barbara Dafoe Whitehead e o dr. David Popenoe, sociólogos da Universidade Rutgers, publicaram os resultados de um amplo estudo que confirmou a tendência de que a família, como a conhecemos, está saindo de cena.[5] O estudo deveria ter se tornado matéria de capa no país inteiro e levar os legisladores a abordar essa necessidade. A nação, no entanto, simplesmente bocejou.

Em 2001, quando o órgão oficial de recenseamento dos Estados Unidos publicou seu relatório sobre a década anterior, os resultados confirmaram as conclusões de Whitehead e Popenoe.

---

[5] POPENOE, David; WHITEHEAD, Barbara DaFoe. The State of Our Unions: The Social Health of Marriage in America, The National Marriage Project, Rutgers University, 1999, p. 2. Veja <http://marriage.rutgers.edu>.

Os dados revelaram, mais uma vez, que a família tradicional está morrendo. Lares dirigidos por pais solteiros aumentaram 72% naqueles dez anos; lares dirigidos por mães solteiras aumentaram 25%; lares conduzidos por casais do tipo tradicional diminuíram 25%, pela primeira vez na História. Um total de 33% de todos os bebês nasceram de mulheres não casadas, em comparação com apenas 3,8% em 1940.[6] Aqueles que, como nós, têm lutado para defender a família ficaram chocados com sua rápida deterioração. Ainda assim, a Washington oficial estava — e está — impassível.

Para nossos líderes políticos, era como se problemas no lar não existissem. Margaret LaMontaine, conselheira da Casa Branca sobre política doméstica para o presidente George W. Bush, foi entrevistada no canal C-Span pouco depois da publicação do relatório do órgão de recenseamento. Perguntada sobre sua reação diante de tais constatações, ela respondeu simplesmente: "E daí?".[7] Ao que parece, não via razão alguma para preocupação. Felizmente, não falava em nome do

---

[6] Kantrowitz, Barbara; Wingert, Pat. Unmarried, with Children, **Newsweek**, 28 mai. 2001, p. 46. Nuclear Family Fading, **Gazette**, 15 mai. de 2001, p. A1. Schmitt, Eric. For First Time, Nuclear Families Drop Below 25 Percent of Households, **New York Times**, 15 mai. 2001, p. A1.

[7] Feder, Don. Meltdown of Nuclear Family Threatens Society, **Human Events**, 4 jun. 2001, p. 9.

presidente. A partir daí, o governo Bush solicitou ao Congresso 360 milhões de dólares por ano para reforçar a instituição do casamento mediante ações de aconselhamento e programas de treinamento,[8] mas os democratas e alguns republicanos liberais do Congresso brigaram com unhas e dentes para derrotar a iniciativa. Esses líderes políticos, que costumam gastar trilhões de dólares de nossos impostos, frequentemente, em despesas planejadas mais para ajudá-los a se reeleger, ressentiram-se e se opuseram claramente a qualquer programa que pudesse ajudar a resgatar a família sitiada. Fica claro, então, que a instituição do casamento tem poucos amigos na capital norte-americana. Assim, por que ficarmos chocados quando a reação ao presente ataque à família é pouco mais que um bocejo? Nada mais é do que seria de esperar.

Pareço estar frustrado ante essa falta de compromisso com o bem-estar da família? Pode apostar que sim. Na verdade, nossos líderes em Washington parecem se achar totalmente prontos a deixar que a família fracasse. Há mais de vinte anos, tenho me encontrado com legisladores no Capitólio para falar sobre questões da família. Jamais algum deles se recusou a me ver — ou melhor, até essa questão do casamento homossexual entrar

---

[8] WETZSTEIN, Cheryl. Federal Marriage Initiatives Seen as Cost Effective, **Washington Times**, 3 mai. 2004, p. A3.

em cena. Durante recente visita a Washington, eu e outros líderes pró-família tentamos nos reunir com 11 senadores democratas para conversar sobre a defesa do casamento. Nenhum deles falou conosco. Fomos categoricamente rejeitados pelos senadores Evan Bayh (Indiana), Jeff Bingaman (Novo México), Robert Byrd (Virgínia Ocidental), Bob Grafam (Flórida), Ernest Hollings (Carolina do Sul), Bill Nelson (Flórida), Mark Pryor (Arkansas), John Breaux (Louisiana), Mary Landrieu (Louisiana), Ben Nelson (Nebraska) e Blanche Lincoln (Arkansas). Esses e outros políticos como que morrem de medo de tocar no assunto e não querem ser vistos de jeito nenhum se confraternizando com cristãos conservadores. Precisam dar razão a seus eleitores, tanto em suas bases como no Senado.

Os senadores Orrin Hatch (Utah) e Jim Talent (Missouri), do Partido Republicano, que considero meus amigos pessoais, chamaram-me para discutir a Emenda Federal sobre Casamento, mas tinham uma ideia melhor para sugerir. Em vez de emenda à Constituição dos Estados Unidos para proteção ao casamento, estavam pensando no envio de uma proposta ao Congresso que deixasse a questão para ser decidida pelos estados. Esses homens são suficientemente instruídos e experientes para saber que isso seria um pretexto de primeira linha para fugir do problema. Muitos de seus colegas já haviam começado a repassar a seus eleitores a mesma ideia, impraticável. Deixar que cada estado da União defina o que é e o que não é casamento levará a 50 definições diferentes. Isso é gerar o caos perfeito. Pode-se, por exemplo, imaginar um casal que seja legalmente casado no Texas, mas não em Connecticut? Além disso, a Suprema Corte iria se sobrepor de qualquer maneira aos estados, como fez em relação à questão do aborto em 1973. Precisamos de uma emenda constitucional federal para proteger a família. Não há outra saída.

Devemos lembrar que, por trás dos debates políticos públicos e influências da mídia, existem seres humanos reais, que são afetados negativamente pela desintegração da família. Há milhões de pessoas feridas — maridos, esposas e filhos —, para as quais tudo o que é estável e previsível foi destruído. Representam as agonias de esposas amorosas que se dedicaram de modo total e sem reservas a homens que, mais tarde, as rejeitaram em favor de amantes; maridos que enfrentam dificuldades para criar seus filhos sozinhos porque a esposa decidiu que não queria mais ser mãe. E a ruptura da família resulta sobretudo, naturalmente, em milhões de pobres crianças que choram a noite toda até dormir porque têm saudade da mãe ou do pai, que não está em casa para abraçá-las ou lhes fazer um carinho. É esse o legado do divórcio e da promiscuidade sexual.

A experimentação social acabou por produzir mais e mais dessas pequenas vítimas, que clamam por compaixão e compreensão. É por isso que dediquei minha vida à sua causa; e continuarei a fazê-lo enquanto Deus me der forças.

UMA HISTÓRIA RECENTE DE REDEFINIÇÃO DO CASAMENTO

Para entender mais como o casamento tornou-se tão frágil depois de ter sobrevivido por tanto tempo, precisamos fazer um passeio pela história recente. Um dos primeiros e mais terríveis golpes aconteceu em 1969, quando foi assinada na Califórnia a primeira lei mundial que permitia o divórcio rápido e sem justificativa, chamada de *no-fault divorce*, elaborada por teoristas de leis sobre a família.[9] Com uma canetada, o "até que a morte nos separe" se tornava opcional. De repente, era mais fácil um cônjuge sair legalmente de um casamento de trinta anos do que, por exemplo, romper o contrato de manutenção de sua piscina!

Nos anos que se seguiram, cada estado norte-americano adotou alguma forma de divórcio rápido e, pela primeira vez na história dos Estados Unidos, a ideia de casamento como contrato social e espiritual permanente deixou de ser apoiada em lei. Tão logo

---

[9] Family Law Act [Lei da Família], 1969, cap. 1608, Estado da Califórnia 3312 (revogada em 1994).

os heterossexuais desprezaram o componente essencial do casamento, que diz "até que a morte nos separe", foi apenas uma questão de tempo para que alguém tentasse se livrar da parte fundamental, que diz "marido e mulher".

O crescimento e a normalização da coabitação — que nossos pais e as gerações anteriores chamavam de "viver em pecado" — também tiveram um impacto devastador. Esse tipo de convivência cresceu 850% desde 1960.[10] Adicione-se a isso um terceiro experimento social — a chamada revolução sexual e o consequente aumento de nascimentos fora do casamento — e se poderá entender como o casamento e os filhos têm sofrido. "Faça amor, não faça guerra!", gritavam os estudantes e jovens da década de 1960, os quais não apenas continuaram fazendo milhões de bebês indesejados, como também reivindicaram o direito de matá-los ainda no ventre materno. A família teve seus fundamentos abalados. Nesse processo, as doenças sexualmente transmissíveis alcançaram proporções endêmicas, incluindo o início da epidemia de HIV/aids.

O resultado desse afastamento do sistema de valores judaico-cristão tem sido a desestabilização do

---

[10] POPENOE, David; WHITEHEAD, Barbara DaFoe. The State of Our Unions 2002: The Social Health of Marriage in America, The National Marriage Project, Rutgers University, jun. 2002, p. 22. Veja <http://marriage.rutgers.edu>.

casamento e a introdução de outras "novas" ideias, sendo agora lançadas pela mídia. Hoje, aqueles que ajudaram a derrubar a família tradicional estão usando as fraquezas que ajudaram a criar como justificativa para o casamento homossexual. "Não pode ser pior do que o que temos" tem sido a argumentação.

Por todos os Estados Unidos, tribunais têm causado danos à instituição do casamento. Em uma decisão atrás da outra, o judiciário tem atingido a estrutura do lar. Não vou revisar todos esses casos infelizes neste momento, mas existe um que se destaca em relação a todos os outros. Em 26 de junho de 2003, a Suprema Corte norte-americana considerou a legalidade do comportamento homossexual e descobriu que, veja só, a Constituição garantia o direito à sodomia[11]. É, ela está lá (em algum lugar) do documento original!

Essa decisão deve ter levado os fundadores da pátria a saltar em seus túmulos. Nossos meritíssimos juízes "inventaram" esse novo direito constitucional e o usaram para derrubar uma lei do Texas que proibia a sodomia. O caso é conhecido hoje como a infame *Decisão Lawrence vs. Texas*.[12] Poucos norte-americanos concordaram com essa decisão, mas

---

[11] GREENHOUSE, Linda. The Supreme Court: Homosexual Rights; Justices, 6-3, Legalize Gay Sexual Contact in Sweeping Reversal of Court's '86 Ruling, **New York Times**, 27 jun. 2003, p. A1.

[12] Ibid.

nunca foram consultados. Não determinam mais seu próprio destino. Abraham Lincoln disse no Discurso de Gettysburg que o nosso é um governo "do povo, pelo povo e para o povo"; todavia, o "povo" tem sido, nos últimos tempos, cooptado por um judiciário não eleito e irresponsável, indicado para cargos vitalícios, e que determina todas as grandes questões morais dos nossos dias. Cada vez que a Suprema Corte se reúne, é como se fosse promovida uma "assembleia constituinte", pois documentos fundamentais se transformam naquilo que quaisquer cinco daqueles juízes disserem que eles sejam. Isso é chamado de *oligarquia* — o governo de alguns — e está nos levando, cada vez mais a fundo, pela estrada do relativismo moral.

Escrevendo em nome da maioria no caso Lawrence, o juiz Anthony Kennedy — que eu considero ser o homem mais perigoso dos Estados Unidos por causa de sua determinação de reescrever a Constituição — afirmou que, em relação à proibição da sodomia, "a continuação da lei como antes humilha a vida das pessoas homossexuais".[13] Ao determinar que a sodomia é um "direito" protegido pela Constituição, a mais alta corte do país declarou com efeito que considerações sobre moralidade e decência eram irrelevantes.

---

[13] HINOJOSA, Maria. Massachusetts Court to Rule on Same-Sex Marriage, **CNN International Online**, 14 jul. 2003.

Foi essa decisão lamentável que criou a confusão que o país todo enfrenta hoje. Encorajou secretários, prefeitos e deputados a cancelar leis que proibiam o casamento homossexual. Eles distribuem certidões de casamento como doces para a garotada. Esses burocratas estão fazendo agora tudo do seu jeito, certamente se aproveitando da situação. Eis por que estamos no estado de perigo que ameaça o país hoje. Tais como Adolf Hitler, ao invadir e anexar seus vizinhos europeus, aqueles que favorecem o casamento homossexual estão determinados a torná-lo legal, apesar dos processos democráticos que se apresentam em seu caminho.

A Suprema Corte Judiciária de Massachusetts foi a primeira autoridade dessa magnitude a fazer uso da oportunidade aberta pelo caso Lawrence. Por quatro votos a três, determinou, em novembro de 2003, que o Poder Legislativo tinha de reconhecer a legitimidade do "casamento" homossexual.[14] Desde quando, podemos perguntar, um dos três poderes tem autoridade para ordenar a outro poder que cumpra suas exigências? O que aconteceu com o princípio democrático de separação entre os poderes, por meio do qual órgãos governamentais de posição equivalente servem para limitar o poder uns dos outros? Claro está

---

[14] BELLUCK, Pam. Same-Sex Marriage: The Overview—Marriage by Gays Gains Big Victory in Massachusetts, **New York Times**, 19 nov. 2003, p. A1.

que a Suprema Corte Judiciária de Massachusetts considera seu poder acima dos iguais. Mas quem lhe concedeu tal autoridade? Certamente não foi o povo do estado de Massachusetts.

Em 17 de maio, talvez o pior dia para a instituição do casamento na história mundial, o estado de Massachusetts começou a conceder licença de "casamento" para homossexuais.[15] A maioria desses pares é agora legalmente considerada casada e se espalha por todo o país exigindo o reconhecimento de sua nova situação. Será muito difícil reverter esse curso. Além disso, ainda que uma emenda constitucional pendente seja ratificada pelo povo, as "uniões civis" serão legalizadas, tornando-as equivalentes em tudo ao casamento, exceto no nome.[16] O casamento está de fato sob ataque por toda parte ao redor do mundo.

Na ocasião em que este livro estava sendo escrito, agentes locais, agindo irregularmente, vinham concedendo certidões de casamento a casais homossexuais, em desacato a leis estaduais, nos estados da Califórnia, Oregon, Novo México, Nova York e Nova Jersey.[17] Por trás de tudo isso,

---

[15] BELLUCK, Pam. Massachusetts Arrives at Moment for Same-Sex Marriage, **New York Times,** 17 mai. 2004, p. A1.

[16] Ibid.

[17] MEHREN, Elizabeth. Massachusetts Legislature Moves to Bar Gay Marriage, **Los Angeles Times**, 30 mar. 2004, p. A1.

está o caso Lawrence e as implicações da sentença, mostrando ser claro o propósito da Suprema Corte de vir a "encontrar" na Constituição também o "direito" de os homossexuais se casarem. Tudo o que ainda retarda essa sua importante decisão é haver um caso apropriado sobre essa questão que chegue a julgamento na Suprema Corte. É por isso que a Constituição precisa ser emendada, de modo que dê o xeque-mate na Corte.

Existe uma maneira apenas de obter a atenção dos nossos líderes em Washington que têm poder para mudar a composição da Suprema Corte e ainda criar uma legislação de proteção à família. Precisamos saturá-los de ligações telefônicas, *e-mails*, visitas, cartas, publicações e, o mais importante, precisamos apoiar seus oponentes. Isso chama a atenção porque, para a maioria de nossos representantes no Congresso, o que mais importa é permanecer no poder. Quando sua posição tão ansiada sofre ameaça, tendem a fazer o que é certo para garanti-la. Enquanto isso, a responsabilidade de preservar o casamento se encontra sobre aqueles de nós que reconhecem a gravidade da situação.

A instituição do casamento segue ainda andando com dificuldade, lutando para sobreviver aos ataques que lhe são desferidos. Precisamos lhe estender a nossa mão ajudadora.

Capítulo 3

Por que precisamos defender nossa posição

Os argumentos favoráveis ao casamento homossexual que você provavelmente ouvirá repetidas vezes nos programas de rádio e televisão e na internet refletem uma linha de raciocínio que precisamos estar preparados para combater. Essa linha se reflete em perguntas como estas: Afinal de contas, por que toda essa agitação em torno do casamento *gay*? Por que você deveria se importar se um casal *gay* se casar e mudar para sua rua? Por que nossa definição de família não deve ser ampliada e modernizada? Afinal, que dano poderia ser causado ao se atender à argumentação daqueles que afirmam que as noções tradicionais de família são irrelevantes ou estão fora de moda?

Em recente edição do *Dallas Morning News*, o colunista Steve Blow faz eco a algumas dessas perguntas. Sob o título "Casamento *gay*: por que isso me afetaria?", publica sua opinião, que, pela referência que faz, foi escrita logo após ter lido uma de minhas mensagens por *e-mail* sobre o assunto. Blow escreve:

> Quando falam sobre a "defesa do casamento", os oponentes me deixam perturbado. A Focus on the Family [Família em Foco], de James Dobson, simplesmente enviou um *e-mail* para 2,5 milhões de lares dizendo o seguinte: "O movimento de ativistas homossexuais está prestes a lançar um ataque devastador e potencialmente fatal sobre a família tradicional". E eu pergunto: "Como é que é?". De que maneira as juras de amor e o compromisso de alguém podem se transformar em um golpe fatal sobre as famílias?[1]

O sr. Blow acredita piamente que a única razão para não se legalizar o casamento homossexual é a completa intolerância. Nada, porém, está mais longe da verdade. Existem argumentos bastante convincentes contra o casamento entre homossexuais que deveriam ser conhecidos por qualquer pessoa que ainda não esteja familiarizada com a questão. Infelizmente, o povo norte-americano como um todo ainda não analisou as consequências nem mediu o impacto desse conceito turbulento. Poderia listar mais de 50 preocupações legítimas. Vou me concentrar em 11 delas.

---

[1] BLOW, Steve. Gay Marriage: Why Would It Affect Me?, **Dallas Morning News**, 13 fev. 2004, p. B1.

1. A legalização do casamento homossexual destruirá rapidamente a família tradicional.

Temos visto nos países escandinavos evidências de que o casamento homossexual *de facto* destrói o legítimo e verdadeiro matrimônio. Essas duas entidades não podem coexistir porque representam lados opostos do Universo. Poderia ser escrito um livro inteiro sobre os motivos dessa colisão de matéria e antimatéria, mas vou citar apenas três.

Primeiro, quando o estado sanciona o relacionamento homossexual e lhe dá sua aprovação, a geração mais nova fica confusa sobre a identidade sexual e rapidamente perde sua compreensão de compromisso para toda a vida, elos emocionais, pureza sexual, papel dos filhos em uma família e, do ponto de vista espiritual, santidade do casamento. O casamento é reduzido a uma espécie de parceria, que fornece benefícios atraentes e conveniência sexual, mas não pode oferecer a intimidade descrita em Gênesis. A coabitação e os relacionamentos de curto prazo são resultados inevitáveis. Pergunte aos noruegueses, aos suecos e ao povo da Holanda. É exatamente isso o que está acontecendo por lá.[2]

Segundo, a introdução dos casamentos *gays* legalizados levará inexoravelmente à poligamia

---

[2] KURTZ, *End of Marriage in Scandinavia*, p. 27.

e outras alternativas à união entre um homem e uma mulher. No estado de Utah, o polígamo Tom Green, ao reivindicar o direito a cinco esposas, cita a *Lawrence vs. Texas* como autoridade legal, em sua defesa.[3] Em janeiro de 2004, um advogado da área de direitos civis de Salt Lake City abriu um processo em favor de outro casal que desejava se engajar na poligamia legal.[4] Qual a sua justificativa? *Lawrence vs. Texas*. A ACLU (American Civil Liberties Union [Associação Americana para Liberdades Civis]), de Utah, sugeriu até que o estado é que "tem de provar que um relacionamento poligâmico é prejudicial à sociedade" — em vez de os polígamos terem de provar que o casamento poligâmico não é danoso à cultura.[5] Percebe como é feito o jogo? A responsabilidade de defender a família está sobre você e mim, de modo que nós é que temos de provar que a poligamia não é saudável. A ACLU foi mais adiante, alegando que a família nuclear "talvez não seja necessariamente o melhor modelo".[6] O juiz Antonin Scalia, por sinal, advertiu da possibilidade de tais ações, em sua declaração pela minoria no

---

[3] Manson, Pamela. Appeals Seek Polygamy Right: Green, Holm, Challenge Convictions Based on Sodomy Ruling; Polygamists Challenge Convictions, **Salt Lake City Tribune,** 15 dez. 2003, p. C1.

[4] Sage, Alexandria. Utah Polygamy Ban Is Challenged: U.S. Supreme Court's Sodomy Ruling Is Cited, **Associated Press,** 26 jan. 2004.

[5] Ibid.

[6] Ibid.

caso Lawrence.[7] Não foram necessários nem seis meses para que sua predição se tornasse realidade.

Por que o casamento *gay* põe a mesa para a poligamia? Porque não há onde se parar depois que se cruzar o rio. Historicamente, a definição de casamento tem se apoiado em um alicerce feito de tradição, precedentes legais, teologia e amplo apoio das pessoas. Depois da oficialização do casamento entre homossexuais, porém, seu único apoio será algo tão pouco substancial quanto a opinião de um único juiz ou até de um corpo de juízes togados. Ao se apoiar em decisões dúbias, a família não terá a consistência senão de pouco mais que uma interpretação de "direitos" feita por alguém. Assim, tendo o clima legal se tornado instável, é possível ou certo que algum juiz, tranquilamente, em algum lugar, venha a dizer que três homens e três mulheres podem perfeitamente se casar. Ou, quem sabe, cinco homens e duas mulheres. Ou quatro e quatro. Enfim, quem conseguirá lhes negar esse direito? Será dito até que a garantia deles está implícita na Constituição. Quem discordar, passará a ser visto como semeador de discórdia e intolerância. (Na verdade, essas acusações já são feitas aos cristãos que defendem valores bíblicos!) O que dizer do casamento grupal? Ou casamentos entre papais e menininhas? Ou o casamento entre um homem e

---

[7] The Supreme Court: Excerpts from Supreme Court's Decision Striking Down Sodomy Law, **New York Times**, 27 jun. 2003, p. A18.

seu jumento? Qualquer coisa supostamente ligada aos "direitos civis" será passível de ser realizada. As bases de apoio do verdadeiro casamento terão sido totalmente arrasadas.

A terceira razão pela qual o casamento entre homossexuais irá com toda a certeza destruir o casamento tradicional é que esse é o derradeiro objetivo dos adeptos ativistas do homossexualismo, e eles não desistirão até alcançá-lo. O histórico do movimento de *gays* e lésbicas mostra que seus defensores movem para a frente a linha do gol assim que o objetivo anterior é conquistado, revelando objetivos ainda mais chocantes e ultrajantes. Nas condições atuais, os ativistas homossexuais, inebriados com poder e regozijo, sentem que o clima político é adequado para nos dizer o que desde o início estão pretendendo. E a verdade é esta: a maioria dos *gays* e lésbicas *não quer* se casar. Isso lhes causaria todo tipo de restrições legais. Quem precisa de um compromisso para a vida toda com uma pessoa? *A intenção, no caso, é criar uma estrutura legal completamente diferente.*

Com o fim do casamento da forma que o conhecemos, qualquer pessoa desfrutaria de todos os benefícios legais do casamento (direitos de custódia, herança sem taxação, posse conjunta de propriedade, serviços de saúde e cidadania usados pelo parceiro como dependente etc.) sem limitar o gênero nem o número de parceiros. Os "casais" também não estariam presos um ao outro aos olhos da lei. Esse é claramente o ponto alto desejado pelo movimento. Se você duvida que esse é o verdadeiro objetivo, leia o que está na literatura hoje. Os ativistas criaram uma nova palavra para substituir termos fora de moda como *infidelidade*, *adultério*, *traição* e *promiscuidade*. O novo conceito é o de *poliamor*.[8] Significa a mesma coisa, (literalmente "muitos amores"), mas com a concordância do parceiro sexual principal. Por que não? Ele ou ela provavelmente é também poliamorista.

O colunista liberal Michael Kinsley publicou um artigo em julho de 2003 no *Washington Post*, intitulado "Abolição do casamento: vamos realmente tirar o governo do nosso quarto".[9] Nesse artigo revelador, ele diz:

> A solução é dar fim à instituição do casamento, ou melhor, acabar com a instituição do monopólio governamental sobre o casamento. Sim, se três pessoas quiserem se casar, ou se uma pessoa quiser se casar consigo mesma, ou se uma pessoa qualquer quiser conduzir uma cerimônia e declarar as pessoas casadas, que assim seja. Se você e o seu governo não estiverem envolvidos, o que você tem a ver com isso? Se o

---

[8] Ver http://www.brasilescola.com/sexualidade/poliamor.htm. [N. do T.]

[9] KINSLEY, Michael. Abolish Marriage: Let's Really Get the Government Out of Our Bedrooms, **Washington Post**, 3 jul. 2004, A23.

casamento se tornasse uma questão totalmente particular, todas as discordâncias em relação ao casamento gay se tornariam irrelevantes.

Ou, senão, adverte o autor, "a coisa vai ficar feia".[10] Judith Levine, escrevendo no *Village Voice*, oferece apoio a essas ideias, em um artigo intitulado "Parem o casamento: por que o casamento gay não é suficientemente radical".[11] Diz ela:

> Pelo fato de o casamento norte-americano estar inextricável no cristianismo, ele admite participantes da maneira que Noé permitiu que os animais entrassem na arca. Mas não precisa ser assim. Em 1972, a Liga Nacional de Organizações Gays exigiu "a revogação de quaisquer disposições legais que restrinjam o sexo ou o número de pessoas a participar de uma unidade conjugal, bem como a extensão de benefícios legais a todas as pessoas que coabitem juntas, independentemente de sexo e quantidade". O casamento grupal poderia abranger qualquer combinação de gêneros.[12]

Stanley Kurtz, pesquisador da Hoover Institution, resumiu a situação em artigo recente no *Weekly Standard*. Ele observa que, se a união gay for

---

[10] Ibid.

[11] LEVINE, Judith. Stop the Wedding: Why Gay Marriage Isn't Radical Enough, **Village Voice,** 29 jul. 2003, p. 40.

[12] Ibid.

legalizada, "o casamento será transformado numa variedade de contratos de relacionamento, ligando dois, três ou mais indivíduos (por mais frágil ou temporário que seja o elo), em qualquer combinação concebível de macho e fêmea [...] o término dessa ladeira já é visível de onde nos encontramos hoje".[13]

Precisamos, todos, estar compenetradamente conscientes de uma realidade bastante perturbadora: a intenção dos homossexuais *não é o casamento para gays*. É o casamento para ninguém. E, a despeito do que você leia ou veja na mídia, é definitivamente *não* monogâmico.

O que pode acontecer em termos sociológicos se o casamento se tornar qualquer coisa, tudo ou nada? A resposta direta é que o Estado perderá seu interesse obrigatório nos relacionamentos conjugais como um todo. Uma vez redefinido o casamento, os divórcios serão obtidos instantaneamente, sem envolver os tribunais, passando a ter o mesmo *status* de uma carteira de habilitação ou uma licença de caça. Com a família fora do caminho, serão concedidos aos parceiros *gays* e lésbicas todos os direitos e privilégios do atual legítimo casamento sem as complicações legais e os compromissos necessários e associados até aqui a esses privilégios.

---

[13] KURTZ, Stanley. Beyond Gay Marriage, **Weekly Standard**, 4 ago. 2003.

Existem apenas algumas poucas razões pelas quais o casamento homossexual é realmente revolucionário, ou sedicioso. Legalizá-lo mudará tudo, especialmente quanto à instituição família.

2. As crianças serão as que mais sofrerão.

Para as crianças em um mundo de famílias decaídas, as implicações são profundas. Pelo fato de os homossexuais raramente serem monogâmicos, sendo comum terem até trezentos[14] ou mais parceiros durante a vida — alguns estudos chegam a dizer que o número normalmente chega a mais de mil[15] —, os filhos dessas situações de "poliamor" ficam dependentes a um ir e vir perpétuo. Isso é devastador para a criança que, por natureza, é uma criatura altamente conservadora. A criança tem necessidade de segurança e de que as coisas fiquem exatamente do jeito que estão por muito tempo; estranham mudanças. Sabe-se que algumas preferem a mesma marca ou tipo de alimento e rejeitam outros por toda a infância.

---

[14] POLLAK, M. Male Homosexuality. In: ARIES, P.; BEJIN, A. (Ed.). **Western Sexuality: Practice and Precept in Past and Present Times**, p. 40-61. Apud NICOLOSI, Joseph. **Reparative Therapy of Male Homosexuality**. Northvale, NJ: Jason Aronson, Inc., 1991, p. 124-125.

[15] BELL, A. P.; WEINBERG, M. S. **Homosexualities**: A Study of Diversity Among Men and Women. New York: Simon and Schuster, 1978, p. 308-309. V. tb. BELL; WEINBERG; HAMMERSMITH. **Sexual Preference**. Bloomington, IN: Indiana University Press, 1981.

Mais de 10 mil estudos já concluíram, também, que a criança se sai melhor na vida quando criada por mães e pais amorosos e dedicados.[16] Há menos possibilidade de

---

[16] Muitos desses estudos são apresentados ou estão representados nas seguintes obras: David POPENOE. **Life Without Father**: Compelling Evidence That Fatherhood and Marriage Are Indispensable for the Good of Children. New York: The Free Press, 1997. Glenn T. STANTON. **Why Marriage Matters**: Reasons to Believe in Marriage in Postmodern Society. Colorado Springs: Pinon Press, 1997. Ronald P. ROHNER; Robert A. VENEZIANO. The Importance of Father Love: History and Contemporary Evidence, **Review of General Psychology** 5.4, 2001, p. 382-405. Kyle D. PRUETT. **Fatherneed**: Why Father Care Is as Essential as Mother Care for Your Child. New York: The Free Press, 2000. David BLANKENHORN. **Fatherless America**: Confronting Our Most Urgent Social Problem. New York: Basic Books, 1994. Sara MCLANAHAN; Gary SANDEFUR. **Growing Up With a Single Parent**: What Hurts, What Helps. Cambridge: Harvard University Press, 1994. Ellen BING. The Effect of Child-Rearing Practices on the Development of Differential Cognitive Abilities, **Child Development**. 34, 1963, p. 631-648. Deborah DAWSON. Family Structure and Children's Health and Well-Being: Data from the 1988 National Health Interview Survey on Child Health, **Journal of Marriage and the Family**. 53, 1991, p. 573-584. Scott COLTRANE. Father-Child Relationships and the Status of Women: A Cross-Cultural Study, **American Journal of Sociology** 93, 1988, p. 1088. Michael GOTTFREDSON; Travis HIRSCHI. **A General Theory of Crime**. Stanford: Stanford University Press, 1990, p. 103. Richard KOESTNER et al. The Family Origins of Empathic Concern: A Twenty-Six-Year Longitudinal Study. **Journal of Personality and Social Psychology** 58, 1990, p. 709-717. E. Mavis HETHERINGTON. Effects of Father Absence on Personality Development in Adolescent Daughters. **Developmental Psychology** 7, 1972, p. 313-326. Irwin GARFINKEL; Sara MCLANAHAN. **Single Mothers and Their Children**: A New American Dilemma. Washington: The Urban Institute Press, 1986, p. 30-31. Sara MCLANAHAN. Life Without Father: What Happens to Children?, Center for Research on Child Well-Being Working Paper #01-21. Princeton University, 15 de agosto de 2001. Paul R. AMATO; Fernando RIVERA. Paternal Involvement and Children's Behavior Problems, **Journal of Marriage and the Family**

se envolver com drogas, repetir de série, deixar a escola, cometer suicídio, empobrecer, se tornar delinquente juvenil e, para a menina, menor possibilidade de se tornar mãe adolescente. É mais saudável emocional e fisicamente, mesmo trinta anos depois, do que aquele que não foi abençoado com pais tradicionais.[17]

61, 1999, p. 375-384. David ELLWOOD. **Poor Support**: Poverty in the American Family. New York: Basic Books, 1988, p. 46. Ronald J. ANGEL; Jacqueline WOROBEY. Single Motherhood and Children's Health, **Journal of Health and Social Behavior** 29, 1988, p. 38-52. L. REMEZ. Children Who Don't Live with Both Parents Face Behavioral Problems, **Family Planning Perspectives**, jan./fev. 1992. Judith WALLERSTEIN et al. **The Unexpected Legacy of Divorce**: A 25-Year Landmark Study. New York: Hyperion, 2000. Nicholas ZILL; Donna MORRISON; Mary Jo COIRO. Long-Term Effects of Parental Divorce on Parent-Child Relationships, Adjustment, and Achievement in Young Adulthood. **Journal of Family Psychology** 7, 1993, p. 91-103.

[17] Você poderá encontrar pesquisas sobre as melhorias que o casamento traz ao bem-estar dos adultos nas seguintes obras. Glenn T. STANTON. **Why Marriage Matters**. Colorado Springs: NavPress, 1997. Linda WAITE; Maggie GALLAGHER. **The Case for Marriage**: Why Married People Are Happier, Healthier and Better Off Financially. New York: Doubleday, 2000. Robert COOMBS. Marital Status and Personal Well-Being: A Literature Review, **Family Relations** 40, 1991, p. 97-102. I. M. JOUNG et al. Differences in Self-Reported Morbidity by Marital Status and by Living Arrangement, **International Journal of Epidemiology** 23, 1994, p. 91-97. Linda WAITE, Does Marriage Matter?, **Demography** 32, 1995, p. 483-507. James GOODWIN et al. The Effect of Marital Status on Stage, Treatment, and Survival of Cancer Patients, **Journal of the American Medical Association** 258, 1987, p. 3125-3130. Benjamin MALZBERG, Marital Status in Relation to the Prevalence of Mental Disease, **Psychiatric Quarterly** 10, 1936, p. 245-261. David WILLIAMS et al. Marital Status and Psychiatric Disorders Among Blacks and Whites. **Journal of Health and Social Behavior** 33, 1992, p. 140-157. Steven STACK; J. Ross ESHLEMAN. Marital Status and Happiness: A 17-Nation Study, **Journal of Marriage and the Family** 60, 1998, p. 527-536. Robert T. MICHAEL et al. **Sex in America**: A Definitive Survey. Boston: Little, Brown, and Company, 1994,

Cientistas sociais têm sido surpreendentemente constantes em advertir sobre o impacto de famílias rompidas. Se a tendência atual continuar, a maioria dos filhos terá diversas "mães" e "pais", talvez seis ou oito "avós" e dúzias de meios-irmãos. Será um mundo no qual meninos e meninas pequenos serão

---

p. 124-129. Randy PAGE; Galen COLE. Demographic Predictors of Self-Reported Loneliness in Adults, **Psychological Reports** 68, 1991, p. 939-945. Richard ROGERS. Marriage, Sex, and Mortality, **Journal of Marriage and the Family** 57, 1995, p. 515-526. Para pesquisas sobre como o casamento melhora o bem-estar da criança, consulte as seguintes obras: David POPENOE. **Life Without Father**. New York: The Free Press, 1997. Glenn T. STANTON. **Why Marriage Matters**. Colorado Springs: Pinon Press, 1997. Sara MCLANAHAN; Gary SANDEFUR. **Growing Up with a Single Parent**. Cambridge: Harvard University Press, 1994. Deborah DAWSON. Family Structure and Children's Health and Well-Being, **Journal of Marriage and the Family** 53, 1991, p. 573-584. Michael GOTTFREDSON; Travis HIRSCHI. **A General Theory of Crime**. Stanford: Stanford University Press, 1990, p. 103. Richard KOESTNER et al. The Family Origins of Empathic Concern, **Journal of Personality and Social Psychology** 58, 1990, p. 709-717. E. Mavis HETHERINGTON. Effects of Father Absence on Personality Development in Adolescent Daughters, **Developmental Psychology** 7, 1972, p. 313-326. Irwin GARFINKEL; Sara MCLANAHAN. **Single Mothers and Their Children**. Washington: The Urban Institute Press, 1986, p. 30-31. David ELLWOOD. **Poor Support: Poverty in the American Family**. New York: Basic Books, 1988, p. 46. Ronald J. ANGEL; Jacqueline WOROBEY. Single Motherhood and Children's Health, **Journal of Health and Social Behavior** 29, 1988, p. 38-52. L. REMEZ. Children Who Don't Live with Both Parents Face Behavioral Problems, **Family Planning Perspectives**, jan./fev. 1992. Judith WALLERSTEIN; Sandra BLAKESLEE. **Second Chances**: Men and Woman a Decade After Divorce. New York: Ticknor & Fields, 1990. Judith WALLERSTEIN et al. **The Unexpected Legacy of Divorce**: A 25-Year Landmark Study. New York: Hyperion, 2000. Michael STIFFMAN et al. Household Composition and Risk of Fatal Child Maltreatment, **Pediatrics** 109, 2002, p. 615-621. Nicholas ZILL, Donna MORRISON; Mary Jo COIRO. Long-Term Effects of Parental Divorce on Parent-Child Relationships, Adjustment and Achievement in Young Adulthood, **Journal of Family Psychology** 7, 1993, p. 91-103.

jogados de um lugar a outro, em um padrão sempre mutável de acertos de moradia; um grande número deles será criado em lares adotivos ou viverão nas ruas, como acontece com milhões em diversos países do mundo hoje. Imagine um ambiente no qual nada é estável e as pessoas pensam primeiramente em si mesmas e em sua própria autopreservação. Já imaginou o que acontecerá quando homossexuais com filhos se divorciarem? Em vez de duas mães e dois pais, os filhos terão que conviver com quatro mães ou quatro pais. Quem gostaria de ser um marido novo, na geração seguinte, que instantaneamente tivesse quatro, seis ou oito sogras?

Temos de considerar também um mundo futuro em que a imoralidade será ainda maior que a de hoje, no qual ligações homossexuais e heterossexuais descontroladas serão a norma. O apóstolo Paulo descreve tal sociedade no livro de Romanos, referindo-se provavelmente à Roma antiga: "Tornaram-se cheios de toda sorte de injustiça, maldade, ganância e depravação. Estão cheios de inveja, homicídio, rivalidades, engano e malícia. São bisbilhoteiros, caluniadores, inimigos de Deus, insolentes, arrogantes e presunçosos; inventam maneiras de praticar o mal; desobedecem a seus pais; são insensatos, desleais, sem amor pela família, implacáveis" (1.29-31).

Parece provável, atualmente, que a morte da família irá acelerar esse tipo de declínio dramaticamente, resultando em uma cultura caótica, que destruirá as crianças em termos emocionais.

3. *As escolas públicas de todo o país ensinarão a homossexualidade.*

Com a legalização do casamento homossexual, toda escola pública do país será obrigada a ensinar essa perversão como o equivalente moral do casamento tradicional entre um homem e uma mulher. Livros didáticos, até mesmo em regiões conservadoras, precisarão retratar relacionamentos homem-homem e mulher-mulher; e as histórias escritas ou contadas para crianças tão pequenas, como as de educação infantil ou mesmo jardim de infância, precisarão dar espaço ao homossexualismo. Como uma criança que acabou de sair das fraldas compreenderá o significado da sexualidade adulta? A resposta é que elas não conseguirão fazer isso — contudo, isso já está acontecendo no estado da Califórnia.[18]

4. *As leis de adoção se tornarão instantaneamente obsoletas.*

A partir do momento em que o casamento homossexual se tornar legal, os tribunais não serão

---

[18] Leis da Assembleia Legislativa do Estado da Califórnia: AB 499 (1998), AB 537 (1999), AB 1785 (2000), AB 1931 (2000), AB 1945 (2000), SB 257 (2001). Veja <www.leginfo.ca.gov/bilinfo.html>.

capazes de favorecer um casal tradicional de um
homem e uma mulher em questões de adoção.
A crianças serão inseridas em lares com pais do mesmo
sexo em pé de igualdade com aquelas que têm uma
mãe e um pai. Casais poliamoristas não serão também
excluídos. A possibilidade de filhos sem pai ou mãe não
será considerada na avaliação de elegibilidade. Será lei.

5. *A adoção provisória será seriamente impactada.*

Os pais adotivos de lares temporários[19] serão
obrigados a passar por um "treinamento de
sensibilidade" para se livrar da tendência favorável
à heterossexualidade, bem como terão de apoiar
a homossexualidade em crianças e adolescentes.
A formação moral tradicional, pelo menos no que
se refere à sexualidade, não será permitida. Essa é
também a lei atual na Califórnia.[20]

**6. *O sistema de saúde será abalado e talvez
entre em colapso.***

Essa pode ser a gota d'água que fará transbordar
o balde do negócio de seguros e planos de saúde nos

---

[19] Refere-se ao sistema de adoção norte-americano chamado *foster-care*. [N. do E.]

[20] HALPER, Evan; INGRAM, Cari. Legislators Speed Through Final Bills. **Los Angeles Times**, 9 set. 2003, B1.

países ocidentais, à medida que milhões de novos dependentes se tornem elegíveis para cobertura. Todo paciente HIV positivo, por exemplo, só precisará ter um parceiro segurado para poder receber a mesma cobertura oferecida a um cônjuge atualmente. Alguns analistas estimam aumentos drásticos nas contribuições e mensalidade e que talvez não seja mais lucrativo às empresas permanecer nesse negócio.

Na verdade, o que dizer sobre o custo para os planos de saúde? Serão capazes de prover seus benefícios? Se não, será que se poderia esperar que médicos, enfermeiros e técnicos trabalhassem de graça ou que prestassem seus serviços em troca de uma vaga promessa de pagamento por parte de pacientes necessitados? Tente vender isso a um neurocirurgião ou a um ortopedista que, nos Estados Unidos, é obrigado a pagar cada vez mais pelo seu seguro contra erro médico. Existe até mesmo a possibilidade de todo o sistema de saúde implodir.

7. *O sistema de previdência social será fortemente pressionado.*

Com milhões de novos possíveis dependentes, também, o que irá acontecer com o sistema de previdência social, que nos Estados Unidos, por exemplo, está à beira da falência? Se de fato vier a ruir, o que isso significará para milhões de idosos, que

62   EM DEFESA DO CASAMENTO

contam totalmente com sua magra ajuda? Quem, no entanto, estará pensando nessas possibilidades draconianas enquanto partimos rumo a um "admirável mundo novo"?

8. A liberdade religiosa provavelmente será posta em risco.

Para se ter uma ideia da direção à qual o movimento ativista homossexual está nos levando, basta simplesmente olhar um pouco para o norte, para o Canadá, que lidera nesse caminho sedicioso. Posso citar dezenas de exemplos mostrando como a liberdade religiosa naquele país está morrendo. De fato, em 28 de abril de 2004, o Parlamento canadense aprovou sua lei C-250, que criminaliza efetivamente discursos ou textos que critiquem a homossexualidade.[21] Qualquer coisa considerada "homofobia" pode ser punida com seis meses de cadeia, além de outras penas.[22]

Pastores e sacerdotes do Canadá estão em dúvida, portanto, se podem pregar sobre o livro de Levítico ou quaisquer passagens do apóstolo Paulo, como o capítulo 1 de Romanos. Poderemos ter uma nova Bíblia, livre de toda "linguagem de ódio"? Considere isto: o dono de uma gráfica no Canadá foi multado em

---

[21] VINCENT, Lynn. Parliament OKs Law to Criminalize Speech Deemed "Anti-Gay'", **World Magazine**, 8 mai. 2004.

[22] Ibid.

mais de 40 mil dólares por se recusar a imprimir papel timbrado para uma organização ativista homossexual.[23]

A censura ali já está a todo vapor. Um de nossos programas de rádio da Focus on the Family sobre homossexualidade foi considerado pela Comissão Canadense de Rádio e Televisão como material "homofóbico". A emissora foi censurada pela transmissão, e, desde então, estou proibido de abordar essa questão no Canadá.

Estará esse tipo de censura chegando aos Estados Unidos? Creio que sim. Assim que o casamento homossexual for legalizado no país, como parece que estamos caminhando para esse desfecho, leis baseadas em "igualdade" irão causar muita mudança. É provável que organizações sem fins lucrativos que se recusem a contratar homossexuais por motivos religiosos venham a perder sua isenção de impostos. Algumas faculdades e universidades cristãs já estão preocupadas com essa possibilidade.

9. *Outros países, que assistem à nossa marcha rumo ao casamento homossexual, seguirão na mesma direção.*

O casamento entre homossexuais se espalhará por todo o mundo, assim como aconteceu com a pornografia depois que a Comissão Nixon declarou ser

---

[23] LEISHMAN, Rory. Christians Right to Worry: Court Cases Show How Judicial Activists Have Destroyed Rule of Law, **Calgary Sun**, 8 mai. 2004, p. 15.

o material obsceno "benéfico" à humanidade.[24] Quase que instantaneamente, os países de língua inglesa liberalizaram suas leis referentes à obscenidade. Os Estados Unidos continuam sendo um nascedouro de imundície e imoralidade e sua influência, sabemos, é global. O dr. Darrell Reid, presidente da Focus on the Family do Canadá, disse-me recentemente que seu país está acompanhando cuidadosamente o que acontece nos Estados Unidos. Se dermos esse passo na direção do abismo, a família se estilhaçará muito rapidamente em todos os continentes. Em contrapartida, a Suprema Corte norte-americana deixou claro que se apoia na legislação europeia e canadense sobre o assunto na interpretação de nossa Constituição.[25] Que ultraje! Isso poderia servir até de base para uma representação contra a Corte, mas o Congresso norte-americano, como sempre, permanece passivo e calado.

10. *O evangelho de Jesus Cristo será severamente restringido.*

A família tem sido o principal veículo de evangelismo desde o princípio. Sua tarefa mais

---

[24] SCHEER, Robert. More Vigorous Smut Prosecution Urged: Commission Asks Campaign but Three Members Reject Key Finding, **Los Angeles Times**, 17 mai. 1986, p. A1.

[25] KIRKLAND, Michael. On Law: A Court for All Caesars, **United Press International**, 21 jul. 2003.

importante tem sido a propagação da raça humana e a transmissão da fé aos nossos filhos. Diz a passagem de Malaquias 2.15, referente a maridos e esposas: "Não foi o SENHOR que os fez um só? Em corpo e em espírito eles lhe pertencem. E por que um só? Porque ele desejava uma descendência consagrada. Portanto, tenham cuidado: Ninguém seja infiel à mulher da sua mocidade". A responsabilidade de ensinar a Palavra à próxima geração nunca há de se recuperar da perda de famílias consagradas e tementes a Deus. As mais recentes gerações e as que ainda virão serão privadas das boas-novas, como já ocorreu na França, na Alemanha e em outros países europeus. Em vez de prover pai e mãe, o advento do "casamento" homossexual criará milhões de crianças sem eles. Vamos, então, nos juntar à Holanda e à Bélgica e nos tornar o terceiro país da história do mundo a "normalizar" e legalizar um comportamento proibido pelo próprio Deus? Que os céus nos ajudem a não o fazer!

11. *A discussão cultural acabará, e o mundo poderá se tornar, em breve, "Como foi nos dias de Noé"*
(Mateus 24.37)

Este é o ponto máximo da busca pela preservação da família, e as gerações futuras esperam por uma decisão. Essa visão apocalíptica e pessimista da instituição da família e de seu futuro poderá soar um tanto alarmista para muitos, mas creio que poderá se mostrar precisa; a não ser — *a não ser* — que o povo de Deus desperte e inicie uma vigília de oração cada vez maior por nosso país. Eis por que buscamos urgentemente o favor do Senhor e pedimos a ele que ouça as preces de seu povo e sare a nossa terra. A despeito de algumas iniciativas de caráter positivo mencionadas anteriormente, grandes segmentos da Igreja, ao que parece, não têm ainda consciência do perigo; líderes eclesiásticos ficam surpreendentemente calados ante o grande perigo (embora sejamos tremendamente gratos pelos esforços daqueles que têm se pronunciado sobre essa questão).

A hesitação em se pôr a favor dos cristãos é profundamente perturbadora. O casamento é um sacramento planejado por Deus e que serve de metáfora ao relacionamento entre Cristo e sua Igreja. Interferir no plano divino para a família é imoral e errado. Violar a vontade expressa do Senhor para a humanidade, especialmente com relação a comportamento que ele proibiu, é cortejar o desastre.

Capítulo 4

Seguindo a verdade em amor

Os norte-americanos sabem intuitivamente que há algo de errado com a ideia de endossar legalmente "casamentos" entre pessoas do mesmo sexo. Vemos esse desconforto nas pesquisas de opinião pública: dois terços dos norte-americanos se opõem ao "casamento gay".[1] Por outro lado, porém, muitos de nossos compatriotas relutam em conversar sobre esse assunto porque, como diz a colunista Kathleen Parker, a maioria de nós conhece e/ou estima alguém que é gay e não quer ofender essa pessoa ou negar-lhe respeito. Assim, "acomodamo-nos tranquilamente para assistir à reordenação da sociedade com o receio de ferir os sentimentos de uma pessoa amada ou ofender um colega de trabalho".[2]

Dou razão à explicação de Kathleen Parker, pois, no passado, tinha receio também de abordar a questão, pelo mesmo motivo. Contudo,

---

[1] Bayles, Fred. Gay Marriage Ban Advances, **USA Today**, 30 mar. 2004, p. A1.

[2] Parker, Kathleen. Marriage Clearly Requires Two Genders, **San Jose Mercury News**, 3 dez. 2003.

considerando o nível de agressão que hoje
alcançou a comunidade ativista homossexual,
estamos prensados contra a parede. Os ativistas
homossexuais estão determinados a ignorar as leis
existentes que protegem a instituição do casamento
e a cooptar a família para seus propósitos. Eles
nos deixaram apenas duas escolhas: ou aceitamos
mansamente a ampla gama de exigências que
querem nos impor ou nos levantamos e lutamos
pelas coisas nas quais acreditamos. Escolhi a
segunda opção, e oro para que milhões de outras
pessoas façam seriamente o mesmo.

O FATOR INTIMIDAÇÃO

Os ativistas homossexuais sabem que a maioria
dos cristãos se sente desconfortável na arena política,
altamente carregada, dos dias atuais. De modo
geral, somos pessoas que amam a paz e que não
gostam de confrontação irada nem debate amargo.
Nossos oponentes sabem disso, o que explica por
que costumam reagir com retórica e comportamento
abertamente agressivos. O propósito deles é intimidar
aqueles que se opõem aos seus planos.

Uma de suas táticas mais eficientes é retratar os
cristãos — e outros que sustentam valores tradicionais
— como "odiosos", chamando-nos de "intolerantes"
e do temido (e absurdo) termo "homófobos".

Ninguém quer ser chamado dessas coisas, e o fator intimidação impede que muitos falem abertamente sobre esse tópico. A gritaria e a fanfarronice dos ativistas homossexuais não são diferentes daquilo que fazem os adolescentes rebeldes, batendo portas, jogando coisas no chão e ameaçando fugir. A maioria dos pais que já precisou lidar com esse tipo de comportamento aprendeu que ceder em momentos assim pode ser desastroso para ambas as partes. É preciso haver uma firmeza amorosa diante das explosões de raiva e das acusações.

Uma das táticas comuns dos ativistas atuais é lançar a acusação de "homofobia" sobre qualquer pessoa que discorde do movimento no menor detalhe que seja. Tudo aquilo que afirmarmos nesse contexto será chamado de "linguagem odiosa" ou "ataque aos *gays*". Os cristãos são bastante vulneráveis a essas acusações porque o ódio é a antítese daquilo que Jesus ensina. Atinge nosso ponto fraco sermos acusados de hipocrisia por afastamento das doutrinas da fé. Todavia, antes de acharmos que o xingamento é válido, temos de reconhecer que, em muitas situações, aqueles que lançam acusações sobre nós nem sequer *acreditam* nelas — são simplesmente artifícios lançados para silenciar aqueles que têm a coragem de falar. Como sei que essas acusações são fabricadas? Sei porque tenho sido vítima delas.

Em 1998, quando um rapaz homossexual chamado Matthew Shepard foi assassinado por dois criminosos em Wyoming, a mídia imediatamente acusou alguns de nós, pertencentes ao movimento de defesa da família, de criar um ambiente de ódio que incentivava esse tipo de violência.[3] Foi uma declaração ridícula, mas fiquei marcado, junto com vários colegas. Katie Couric, do programa *Today Show* da rede NBC, perguntou a um entrevistado, certa manhã, se ele achava que os líderes da Focus on the Family, da Christian Coalition e do Family Research Council seriam indiretamente responsáveis pelo assassinato de Shepard por causa do "veneno que espalhávamos".[4] Foi uma sugestão ultrajante, com a qual, francamente, fiquei ofendido. Não havia provas de que os assassinos tivessem alguma vez me ouvido, lido qualquer dos meus livros ou visitado nossas instalações. Em vinte e sete anos, jamais disse nada de odioso em relação aos homossexuais em nossas transmissões radiofônicas e não tolero violência ou desrespeito para com ninguém. Contudo, ao fazer a pergunta, a pequena e doce Katie Couric plantou a ideia de que os cristãos são, de algum modo, responsáveis pelo ódio que espreita nossa terra.

---

[3] MATHIS, Deborah. Anti-Homosexual Crowd Aided in Murder of Young Gay Man, **Tribune Media Services,** 15 out. 1998.

[4] Entrevista do governador Jim Geringer, do Wyoming, feita por Katie COURIC para o programa *Today Show* da rede NBC em 12 out. 1998.

A comunicadora, naturalmente, não citou evidência alguma que pudesse validar sua pergunta, porque não havia nenhuma. Todas as palavras que falei em público em mais de duas décadas, assim como tudo o que escrevi, está registrado. Você poderia achar que Katie deveria se sentir obrigada a revelar uma única frase ou ideia que tivéssemos apresentado e revelasse nosso ódio pelos homossexuais. Ela não se sentiu obrigada a isso. Simplesmente contestou a reputação dos conservadores de serem inteiramente inocentes naquele delito.

Esse tipo de ataque aos cristãos tem se tornado rotina na mídia secular. Por quê? Porque os ataques pessoais a nós são parte de uma estratégia liberal para silenciar a oposição. Hillary Clinton, por exemplo, culpou a "vasta conspiração da direita" quando seu marido foi acusado de comportamento sexual impróprio com uma estagiária.[5] Mais tarde, o presidente admitiu ter mentido ao país sobre Monica Lewinsky, mas a primeira-dama nunca se desculpou.[6]

Frank Rich, colunista do *New York Times*, é um dos integrantes da mídia que ataca rotineiramente os cristãos. Imediatamente após os ataques a bomba

---

[5] KEEN, Judy. Hillary Clinton Suggests an Ongoing Conspiracy, **USA Today,** 28 jan. 1998, p. A1.

[6] BAKER, Peter; HARRIS, John F. Clinton Admits to Lewinsky Relationship, **Washington Post,** 18 ago. 1998, p. A1.

em Oklahoma City, em 1995, Rich especulou que aqueles que colocaram a bomba provavelmente seriam cristãos da direita.[7] Ele não conseguiu — nem poderia — sustentar tal especulação. Depois que Timothy McVeigh e Terry Nichols foram julgados e condenados pelo crime, escrevi para Rich e pedi que admitisse haver acusado falsamente os cristãos. Ele retornou com uma nota curta dizendo que me responderia quando tivesse tempo. Naturalmente, nunca ouvi mais nada dele a esse respeito. Continua criticando regularmente os cristãos, inclusive a mim. Certa vez me chamou de "o Godzilla da direita".[8] Que rapaz simpático...

Se existe ódio nesse debate sobre homossexualidade, ele procede, ao que parece, do outro lado. Durante o conflito no estado do Colorado sobre a iniciativa da Emenda 2, fui alvo de grande malevolência. (Aprovada pelos eleitores do Colorado em 1992, essa legislação proibia os governos locais de classificar os homossexuais como categoria especial de pessoas em assuntos de emprego e moradia. Em meio a intenso debate, a emenda foi derrubada em 1996, considerada inconstitucional, em decisão expressa de maneira condenatória e ultrajante pela Suprema Corte dos Estados Unidos.) Durante

---

[7] RICH, Frank. New World Terror, **New York Times,** 27 abr. 1995, p. A25.
[8] RICH, Frank. Godzilla of the Right, **New York Times,** 20 mai.1998, p. A23.

esse período, frases carregadas de intolerância foram pichadas em nosso prédio. Recebemos telefonemas com ameaças de morte e bombas. Partes ensanguentadas de animais foram jogadas na frente da nossa sede e encenado um funeral dentro de nossa propriedade. Mentiras cruéis foram ditas em relação a nós e amplamente publicadas pela imprensa. Por toda a região de Colorado Springs e Denver, programas de entrevista e artigos de jornais diziam aos cidadãos locais que eu havia convocado cada um dos diretores de escolas da cidade e exigido os nomes de todos os professores homossexuais — de modo que pudesse vir a expulsá-los da cidade.[9] Qualquer ser racional saberia que isso era totalmente falso, pois as escolas não podem dar informações pessoais a quem quer que seja sobre um professor, quanto mais detalhes de seu comportamento ou sua vida sexual. Isso, porém, não faria a menor diferença, porque a fábula logo criou "pernas". Finalmente, três superintendentes daqui, de Colorado Springs, emitiram declarações me inocentando.[10] As mentiras, contudo, não pararam e continuaram se espalhando.

Essas são as táticas de indivíduos, imagine só, que justamente acusam os cristãos de serem cheios de

---

[9] Rabey, Steve. Focus Haunted by "The Rumor", **Gazette Telegraph**, 12 dez. 1992, p. A1.

[10] Correspondência pessoal dos superintendentes Harlan Else, Ph.D., Thomas S. Crawford, Ed.D., e Kenneth Stephen Burnley, Ph.D.

ódio e intolerância para com eles. Quero lembrar de novo: trata-se de um jogo de intimidação e ameaça.

Conto essas histórias para o ajudar a resistir às críticas quando chegarem a você — porque elas *virão*: se você tiver a ousadia de confrontar a força destrutiva homossexual, alguém atacará sua integridade; e, quando não tiverem mais ideais, começarão a gritar. Acostumei-me à injustiça dessas táticas e concluí que fazem parte do pacote. Não desanime quando acontecer com você. Simplesmente aguente firme e continue a fazer o que é certo. Lembre-se de que Jesus também foi acusado injustamente.

UM ESTILO DE VIDA INFELIZ

Embora correndo o risco de ser mal interpretado, permita-me lembrar que existe um grande reservatório de ódio no mundo e reconhecer que, sem dúvida, um tanto dele é, infelizmente, direcionado aos homossexuais. Isso é inteiramente errado e detestável. Todo ser humano é precioso para Deus e merecedor de aceitação e respeito. Cada um de nós tem o direito de ser tratado com a dignidade intrínseca ao fato de termos sido criados à imagem de Deus. Não desejo de modo algum aumentar o sofrimento que os homossexuais já experimentam. Minha intenção, pelo contrário, tem sido a de ajudar a *aliviar* seu sofrimento, ao esclarecer as causas deste e apontar a saída.

Viver como homossexual não é tão tranquilo nem feliz, como frequentemente é retratado na mídia de entretenimento. Esse estilo de vida é uma prisão que deixa muitos indivíduos sem esperanças e sentindo-se abandonados por Deus, pela família e pela sociedade. Muitos deles querem desesperadamente se livrar de sua atração pelo mesmo sexo e dos conflitos resultantes disso.

Tenho especial compaixão por homossexuais masculinos que, quando meninos, sendo efeminados, eram rotineiramente tratados como "bicha", "fresco", "boneca" e outros epítetos ofensivos, por seus colegas. As cicatrizes deixadas por incidentes desse tipo podem durar a vida toda. Estou de fato convencido de que grande parte da ira presente na comunidade homossexual adulta está ligada ao tratamento cruel a que esses meninos foram submetidos por outras crianças.

Jamais devemos, sendo cristãos, fazer qualquer coisa que cause ferida, mágoa ou sentimento de rejeição aos outros, *especialmente* àqueles de quem discordamos. Não poderemos apresentar homossexuais a Jesus Cristo, para que os cure e salve, se falarmos mal deles e deles nos afastarmos. Os cristãos são chamados a mostrar compaixão e amor até pelos que são inimigos. Essas pessoas — algumas das quais podem nos parecer detestáveis — precisam ser bem recebidas na igreja, para que se sintam aceitas e apreciadas. Ao mesmo tempo, no entanto, temos de nos opor às suas práticas, danosas às outras pessoas, à sociedade, às famílias e a eles próprios, homossexuais.

Alguns anos atrás, a Focus on the Family lançou um campanha chamada "O amor prevaleceu" ("Love Won Out" em inglês). Esse ministério é constituído de eventos dinâmicos de um dia de duração, visando a fornecer aos participantes — *gays* ou não — informações sobre como abordar, entender e prevenir a homossexualidade. Por meio dessa campanha, de nível internacional, divulgamos a verdade de que a homossexualidade é evitável e tratável — mensagem geralmente silenciada hoje em dia. Se você for educador, pai ou mãe, ou até mesmo ativista *gay*, "O amor prevaleceu" oferece informação, inspiração e, acima de tudo, esperança!

Superar a homossexualidade é incrivelmente difícil, e não vou minimizar a angústia que pode acompanhar o processo de abordar as feridas e carências que a cercam. Todavia, a mudança pode de fato acontecer. Conhecemos milhares de ex--homossexuais que abandonaram tal estilo de vida. É animador ouvi-los contar suas histórias de mudança. Duas dessas pessoas, Mike Haley e Melissa Fryrear, fazem parte de nossa equipe e falam em nossas campanhas "O amor prevaleceu".

A história de Mike enfatiza o enorme impacto que o pai tem sobre seus filhos — para o bem ou para o mal. O pai de Mike tinha grandes expectativas para seu filho, centradas em torno de esportes e caça. Quando Mike respondeu com fracasso, seguido por desinteresse, ao que o pai queria, este reagiu com ira, zombando do menino e chamando-o de várias coisas ofensivas — às vezes, até, na frente de amigos adultos. Essa reação criou uma separação entre Mike e o pai a despeito da profunda necessidade de atenção e aprovação que o menino precisava e ansiava por receber dele.

Em determinado ponto-chave da infância de Mike, um colega de seu pai fez amizade com ele e lhe ofereceu a afirmação que o jovem tão desesperadamente necessitava. Essa atenção logo virou interesse sexual, levando-o à sua primeira investida pela homossexualidade. Por doze anos, Mike viveu como homossexual, experimentando o vazio de encontros sexuais de uma noite que o deixavam se sentindo mais como um bem de consumo do que como um ser amado e respeitado.

A despeito de sua crescente infelicidade, Mike inicialmente resistiu à ideia de que os homossexuais poderiam mudar: ele havia tentado, e não havia funcionado. Resignou-se ao fato de que era *gay*. Mas Deus tinha outros planos, revelando seu amor por Mike por meio da busca diligente e amizade de um homem cristão, que demonstrou amor incondicional e desafiou Mike com a verdade de Deus sobre a homossexualidade. Por fim, Mike foi levado ao Exodus International, ministério para homossexuais que desejam cura e transformação.

Hoje, Mike é feliz, casado e pai de dois meninos, autor de livros já publicados e palestrante popular sobre o assunto da homossexualidade.

Melissa Fryrear também encontrou esperança além da homossexualidade mediante a mensagem do ministério Exodus International. Melissa diz que, depois de dez anos vivendo como lésbica, viu um programa de televisão em que o ministério Exodus era apresentado, e isso a encorajou a afastar-se da homossexualidade: "Assisti, totalmente maravilhada, homens e mulheres contarem como superaram a homossexualidade por meio de seu relacionamento com Cristo. Não imaginava que houvesse alguém que pudesse ter tomado a decisão de se afastar da homossexualidade".

Hoje, Melissa consegue ver perfeitamente as raízes de sua atração pelo mesmo sexo em suas primeiras experiências da vida, incluindo a dinâmica do relacionamento com seus pais, o abuso sexual de um homem e a experimentação sexual ainda pré-adolescente. Ao cortar os laços com sua amante lésbica, depois de voltar-se para Deus em busca de força e renovação, Melissa ganhou um recomeço.

Ela agora tem um testemunho público doador de vida sobre o poder transformador de Jesus Cristo.

Mike e Melissa são dois dos milhares de indivíduos que se tornaram provas vivas de que os homossexuais *podem* mudar. Embora isso possa soar como heterodoxia para os que vivem na homossexualidade, a verdade é que as pessoas estão se afastando de relacionamentos com o mesmo sexo e resistindo à sua atração mediante o poder de Jesus Cristo.

Para resumir, tentei comunicar neste capítulo que, como cristãos, temos de tratar os homossexuais com respeito e dignidade, mas também devemos nos opor, com todo rigor, às mudanças radicais que eles esperam impor sobre nós. É de vital importância que façamos isso.

Tendo isso em mente, vamos conversar sobre o que fazermos a partir daqui.

Capítulo 5

Como podemos defender nossa posição

Eis a questão do momento: como impedir que tribunais dominadores e agentes públicos locais desonestos se sobreponham à vontade do povo, que continua sendo predominantemente contrário ao casamento homossexual?

Existe apenas uma resposta nos Estados Unidos: o Congresso e as assembleias legislativas estaduais devem aprovar uma Emenda Federal sobre o Casamento para definir essa instituição histórica como sendo exclusivamente a união entre um homem e uma mulher.

Essa tem sido a paixão do meu coração neste estágio da minha vida. Por sete vezes, em poucos meses, reuni mais de 50 líderes pró-família em Washington D.C. para rogar aos membros do Congresso que protegessem a família enquanto ainda fosse tempo. Informaram-me então existir, naquela ocasião, certa possibilidade, por haver o presidente expresso forte apoio a que a Emenda Federal sobre o Casamento viesse a ser apreciada pelo Congresso. Mesmo assim, é preciso destacar que a oposição à emenda é poderosa.

Na verdade, já que, ao que parece, o Congresso não demonstra nenhuma vontade de usar de sua autoridade constitucional para neutralizar o poder do judiciário, "nós, o povo", devemos lutar por uma emenda à Constituição que faça isso por nós. Que nunca nos esqueçamos de que o nosso país foi fundado em resposta à tirania e à oligarquia sem representatividade. Uma emenda constitucional, no caso, é a garantia de que esse tipo de tirania não se levante hoje.

Em artigo publicado recentemente na *National Review*, há um destaque feito por Gerard V. Bradley, professor de direito da universidade americana Notre Dame: "A única maneira de controlar esses tribunais desgovernados é mudar a suprema lei: a Constituição. A Emenda Federal sobre o Casamento [FMA, na sigla em inglês] faria isso. Imporia sobre juízes obstinados uma limitação sobre sua capacidade de redefinir a família. A emenda deixaria as assembleias legislativas livres para estender alguns benefícios a lares não maritais. Mas os tribunais não poderiam fazê-lo".[1]

É certo que é tremendamente difícil aprovar uma emenda constitucional mesmo sob as circunstâncias

---

[1] BRADLEY, Gerard V. Stand and Fight: Don't Take Gay Marriage Lying Down. **National Review**, 28 jul. 2003.

Como podemos defender nossa posição 83

mais favoráveis. Para que ela passe, nos Estados Unidos, é preciso haver uma maioria de dois terços de ambas as casas do Congresso e a aprovação de três quartos de todas as assembleias legislativas. Isso só ocorreu 27 vezes, em toda a história de cerca de duzentos e trinta anos do país.[2] É possível que essa aprovação não seja obtida facilmente neste momento em particular. No momento em que escrevo, 34 senadores (sete republicanos e 27 democratas) estão supostamente planejando votar contra a emenda.[3] Somente um clamor nacional da parte dos cidadãos deste país garantirá o apoio necessário.

Ainda que imperfeita, a Emenda Federal sobre o Casamento talvez represente nossa última oportunidade de garantir que o casamento tradicional seja legalmente protegido aqui. A força do novo dispositivo está no fato de impedir que os tribunais distorçam as leis constitucionais ou estatutárias e as transformem em decisão sua de que a união conjugal ou os acontecimentos legais ligados a ela devam ser reconsiderados à luz e por imposição de um simples acórdão judicial. Em termos leigos, isso significa que a emenda irá garantir que a situação

---

[2] Constituição dos Estados Unidos. Veja <www.law.cornell.edu/constitution/constitution.table.html#amendments>.

[3] Gay Marriage Ban Amendment Appears Dead in U.S. Senate, **Politics1**, 1 mar. 2004. Veja <www.politics1.com>.

constitucional do casamento seja determinada pelo povo norte-americano e seus representantes, não por juízes não eleitos.

Sei muito bem que estamos diante de um desafio assombroso. Mesmo assim, é preciso lembrar que gerações passadas de norte-americanos mantiveram firme o rumo sempre que o país foi ameaçado, preservando nossa herança a despeito de situações dificílimas. As dificuldades enfrentadas por nossos pais e avós durante a depressão econômica e a Segunda Guerra Mundial foram impressionantes. Contudo, por meio de coragem, sabedoria, tenacidade e fidelidade ao cumprimento da tarefa, as gerações que se seguiram têm desfrutado de prosperidade e benefícios sem precedentes.

Agora é nossa vez. O perigo que enfrentamos pode não se parecer com uma guerra ou uma depressão econômica, mas é igualmente ameaçador. O bem-estar das gerações futuras depende de como responderemos a essa ameaça. A História julgará a maneira de lidarmos com essa crise.

Em artigo na *National Review Online*, Maggie Gallagher escreve: "O casamento não é uma opção; é uma pré-condição de sobrevivência social [...]. Vencer o debate sobre o casamento *gay* pode ser difícil, mas, para aqueles de nós que testemunharam

a queda do comunismo, desesperar é inescusável
e irresponsável".⁴

Com a ajuda de Deus e espírito de cooperação
nacional, creio que podemos encontrar a sabedoria
e a força para defender nos Estados Unidos o legado
do casamento.

TODOS À AÇÃO

Entendo que você esteja muito ocupado com suas
responsabilidades diárias. Além disso, a compreensão
plena desse desafio *pode* ser assustadora. Todavia,
precisamos que todos entrem em ação. Essa crise tem
grande importância.

Você pode se sentir ultrajado ante a ameaça feita
ao casamento e à família hoje, mas a emoção apenas
não será capaz de reverter a maré do movimento
ativista homossexual. Suas preocupações e
convicções precisam se traduzir em ação. Como disse
o parlamentar britânico Edmund Burke, "basta
que os homens bons não façam nada para que o
mal triunfe".⁵

Uma boa notícia é que uma maioria significativa do
povo norte-americano é favorável à manutenção da
definição legal e tradicional de casamento. Em todos
os estados nos quais os eleitores foram solicitados

---

⁴ GALLAGHER, Maggie. The Stakes, **National Review Online**, 14 jul. 2003.

⁵ Veja <www.tartarus.org/~martin/essays/burkequote.html>.

a banir o "casamento *gay*", eles o fizeram com uma margem impressionante: 69% a 31% no Havaí,[6] 68% a 32% no Alasca,[7] 61% a 39% na Califórnia[8] e 70% a 30% tanto em Nevada como em Nebraska.[9]

Precisamos, no entanto, trabalhar juntos. Talvez você queira se aprofundar e fazer diferença, mas simplesmente não sabe como agir. Veja a seguir algumas ideias sobre como pode ajudar a defender o legado do casamento para as gerações futuras:

- Entre em contato com senadores e deputados. Escreva uma carta ou dê um telefonema.
- Acerte sua situação eleitoral, se necessário, e vote. Faça isso e garanta que sua voz será ouvida nas próximas eleições.
- Participe de programas de rádio e televisão que recebam ligações dos ouvintes abordando o assunto em foco.
- Seja voluntário em lecionar em uma classe ou dirigir um seminário em sua igreja, sua sinagoga ou sua comunidade, visando a instruir as pessoas sobre questões relacionadas à família.

---

[6] STRICHERZ, Mark. Gay Marriage and Election: The Media Won't Mention it, but Polls Show a Winning Issue for the GOP, **Weekly Standard,** 5 abr. 2004.
[7] Ibid.
[8] Ibid.
[9] Ibid.

- Coloque placas na frente da sua casa e distribua adesivos que proclamem a santidade do casamento.
- Organize um debate sobre questões atuais da família em sua comunidade.
- Familiarize-se com as realidades da tirania judicial.

Essas são simples sugestões gerais para sua ação. Há centenas de outras. Uma vasta extensão de território moral e legal está à sua espera, para ser conquistada por cidadãos cristãos interessados na família, como você e eu. Haveremos de cumprir esse objetivo dando um passo por vez.

Todavia, *precisamos* de sua participação na luta. O envolvimento de cada pessoa é de fundamental importância. Não existe hoje questão mais significativa para nossa cultura do que a defesa da família. Nem mesmo a guerra ao terror. Precisamos agir drasticamente.

Lembro-me de uma história pessoal contada pelo dr. John Corts, ex-presidente da Organização Billy Graham. Quando tinha 16 anos, John e seus primos mais novos foram visitar a fazenda de seu avô. Mal podiam esperar para chegar lá e correr pelos campos. Queriam recolher palha e dar umas voltas no trator. Tudo cheirava a diversão.

O avô, porém, relutava em deixá-los ir. Eles choramingaram e imploraram, até que, finalmente, ele disse a John:

— Você é o mais velho. Pode levar os meninos para o campo se prometer que não vai trazê-los de volta tão cedo. Você precisa mantê-los lá até o final do dia.

— Vou fazer isso, vovô — disse John. Assim, todos subiram na caçamba da carroça de palha, e o trator os puxou até o campo.

Não demorou muito e os meninos ficaram cansados e começaram a reclamar. O trabalho era duro e difícil, e eles se sentiram infelizes. Começaram a pedir para voltar para a casa. Mas John disse:

— Não, o vovô me disse para mantê-los aqui.

Já perto da hora do almoço, estavam exaustos e inquietos. A palha entrava por baixo das suas roupas e provocava coceira. Queriam todos voltar para casa. Mais uma vez, porém, John disse:

— Não, o vovô me disse para mantê-los aqui.

Perto das 15 horas da tarde, uma grande nuvem de tempestade se formou. Os meninos ficaram assustados, e alguns deles gritaram:

— Por favor, John, leve-nos de volta para casa!

Ainda assim, a resposta continuou sendo não.

Perto das 17 horas, John decidiu:

— Tudo bem, é hora de voltar.

Colocou seus primos na carroça, e voltaram para casa. Depois de tomarem banho e de comer alguma coisa, descansaram um pouco. O avô os elogiou muito pelo trabalho que haviam realizado, e os meninos ficaram muito orgulhosos de si.

Foi então que o avô disse a John por que não queria que eles desistissem logo:

— Esta fazenda tem sido bem-sucedida durante todos esses anos por uma razão: permanecíamos no campo quando tínhamos vontade de voltar. Fazíamos o que era preciso fazer, mesmo quando queríamos desistir. É por isso que eu quis que os meninos tivessem a satisfação de viver a experiência de permanecer fazendo algo o dia inteiro.

Permita-me dizer o que esta história significa para mim.

Estamos numa situação bastante difícil. É duro. É difícil remar contra a maré do politicamente correto, da mídia liberal, da indústria do entretenimento, do Congresso, das letras e das forças culturais que zombam de nós. Não é agradável ser chamado de "direita religiosa", "extrema direita", "extremistas religiosos" e "fundamentalistas fanáticos da direita". Nenhum de nós gosta disso. Mas ser ridicularizado e marginalizado é o preço que teremos de pagar para defender aquilo em que cremos. Jesus nos disse que seria assim.

Deus nos chamou para permanecermos no campo até o final do dia, e eu, de minha parte, farei isso enquanto tiver fôlego em meu corpo. Peço encarecidamente que você faça o mesmo. Como podemos permanecer calados quando a próxima geração está ameaçada?

Se perseverarmos até o final, ouviremos aquelas palavras maravilhosas do Pai: "Muito bem, servo bom e fiel!" (Mateus 25.21).

TUDO COMEÇA EM CASA

Permita-me oferecer mais uma palavra de conselho. É ilustrada pelo relato de uma batalha descrita no livro de Josué e que aconteceu há mais de três mil anos. Josué liderou uma porção de suas tropas num ataque frontal à cidade cananeia de Ai. Os defensores de Ai saíram com toda a força para enfrentar os israelitas, mas foram enganados e caíram em uma armadilha. O restante das forças de Israel se esgueirou por trás do exército inimigo e atacou a cidade, agora indefesa. Os guerreiros de Ai olharam para trás chocados e em total descrença à medida que viam a fumaça subindo de suas casas em chamas.

Não deixemos que isso aconteça com nosso próprio casamento e nossa família. Enquanto estivermos fora, atacando os inimigos dos valores tradicionais, que não deixemos que nosso lar e nosso casamento sejam negligenciados ou fiquem indefesos. Que bem haverá em lutar contra inimigos do casamento em praça pública enquanto o nosso próprio casamento e a nossa família desabam por dentro?

A busca pela manutenção da família tradicional começa hoje, neste exato momento, debaixo de nosso teto. Se você tem filhos, se é casado ou espera se casar, então, enquanto defende as instituições culturais do casamento e da família, não se esqueça de defender e nutrir *seu próprio casamento* e sua própria família. Até mesmo se você estiver entre aqueles que não têm filhos ou planejam passar o resto da vida solteiros, é bom para você mesmo incentivar e apoiar as famílias ao seu redor, pelo bem do seu país e de suas futuras gerações.

Às vezes, somos tentados a crer que a batalha em casa é *contra nosso cônjuge e nossos filhos*; todavia, não podemos perder de vista que somos incumbidos da responsabilidade de batalhar *por eles* — por sua proteção, seu caráter moral, sua capacidade de se envolver com o mundo que os cerca e sua preparação para criar a *próxima* geração.

Diante de todas as estratégias que discutimos para preservar o casamento e a família, talvez nossa primeira e melhor defesa dessas instituições tão vitais seja nos tornarmos exemplo de casamento e família saudáveis para que o mundo possa ver.

A BATALHA PERTENCE AO SENHOR

Vou encerrar com outra história, contada em 2Crônicas 32. Ali, lemos sobre o rei Ezequias, que serviu a Deus de todo o coração durante seu reinado. Contudo, terminou enfrentando uma crise terrível quando Senaqueribe, rei da Assíria, invadiu Judá com 185 mil guerreiros bem armados e treinados. Eles destruíram os defensores de todas as cidades que estavam em seu caminho. Então, cercaram Jerusalém e exigiram que Ezequias se rendesse; caso contrário, seria destruído.

Estas são as palavras irreverentes pronunciadas por Senaqueribe a Ezequias e seus defensores, que estavam em pé junto ao muro:

> "Vocês não sabem o que eu e os meus antepassados fizemos a todos os povos das outras terras? Acaso alguma vez os deuses daquelas nações conseguiram livrar das minhas mãos a terra deles? De todos os deuses das nações que os meus antepassados destruíram, qual deles conseguiu salvar o seu povo de mim? Como então o deus de vocês poderá livrá-los das minhas mãos? Portanto, não deixem Ezequias enganá-los ou iludi-los dessa maneira. Não acreditem nele, pois nenhum deus de qualquer nação ou reino jamais conseguiu livrar o seu povo das minhas mãos ou das mãos de meus antepassados. Muito menos o deus de vocês conseguirá livrá-los das minhas mãos!" (2Crônicas 32.13-15).

Ezequias e o profeta Isaías fizeram o que você e eu teríamos feito debaixo de circunstâncias tão desesperadoras: clamaram ao Deus de Abraão, Isaque e Jacó, pedindo libertação.

Ezequias também já incentivara seus compatriotas com estas palavras inspiradas:

"Sejam fortes e corajosos. Não tenham medo nem desanimem por causa do rei da Assíria e do seu enorme exército, pois conosco está um poder maior do que o que está com ele. Com ele está somente o poder humano, mas conosco está o SENHOR, o nosso Deus, para nos ajudar e para travar as nossas batalhas" (2Crônicas 32.7,8).

E, de fato, o Senhor interveio em consequência das orações de seu povo, livrando-o das mãos de seus inimigos. Essa história deveria servir de grande incentivo para todo cristão que enfrenta situações desanimadoras em tempos de grande desespero. Devemos nos pôr de joelhos, em intensa oração, sabendo que o Deus de Josué e de Ezequias ainda ouve às petições de seu povo e responde a elas. Em última análise, a batalha pertence a ele, e somos apenas seus soldados. *Ele* defenderá a família, seu grande presente à humanidade.

Deixe-me enfatizar que Focus on the Family não hesitará durante este tempo de urgência nacional. Por meio do trabalho conjunto com outras organizações de defesa da família e milhares de igrejas comprometidas por todo o país, nos esforçaremos por defender os princípios mais importantes para nós. Ao fazê-lo, provavelmente seremos atacados, mal interpretados e caluniados pela mídia liberal e por aqueles cujas visões de casamento e sexualidade são radicalmente diferentes das nossas. Precisamos muito de suas orações durante este período de debate intenso. Sejam quais forem as circunstâncias, estamos determinados a manter o rumo. E que nosso Senhor e Salvador, Jesus Cristo, nos abençoe enquanto o fazemos.

Quer se unir a mim nesta oração de encerramento?

*Pai celestial,
nosso grande e magnífico Rei,
pedimos que operes em favor
da instituição do casamento e imploramos
que salves nossa família daqueles que desejam
destruí-la.
Com eles está "somente o poder humano",
mas conosco está o Deus do Universo,
que nunca perdeu uma batalha.
Não merecemos a tua misericórdia,
mas nos ajoelhamos humildemente diante de ti hoje
e nos arrependemos de nosso pecado e nossa
desobediência.
Quando a história desta era for escrita,
que ela seja lembrada como um época em que
a justiça foi redescoberta e durante a qual
a impiedade deste período foi transformada
por uma renovação espiritual
que varreu todo este país.
Por isso, nós e as gerações futuras
seremos eternamente gratos.
Amém.*

Perguntas comuns sobre o "casamento gay"

Muitas pessoas ficam confusas diante dos argumentos que ouvem na mídia sobre esse assunto. Em nível superficial, o que os defensores do "casamento *gay*" alegam pode parecer justo e lógico. Contudo, se você se aprofundar um pouco mais, descobrirá que suas asserções não têm como se sustentar. Antes de se envolver em conversas e debates sobre o assunto com seus amigos e vizinhos, considere, por favor, estas Respostas às Perguntas feitas com mais frequência.

P: Esta não é uma questão de direitos civis?

R: Não. Direitos civis é o modo abreviado de se referir à luta para superar a discriminação baseada em características físicas imutáveis, como cor da pele e herança étnica. Os ativistas homossexuais costumam usar esse argumento, mas cada vez mais líderes negros se opõem a isso. De fato, o porta-voz da maior coalizão de defensores da Emenda Federal sobre o Casamento é

Walter Fauntroy, militante dos direitos civis que marchou ao lado de Martin Luther King Jr. na década de 1960.

P: Não seria discriminação mudar a Constituição para dizer que os homossexuais não se podem casar?

R: De maneira geral, as emendas à Constituição definem os direitos das pessoas — o direito à liberdade religiosa, ao porte de armas, de votar aos 18 anos etc. A emenda sobre o casamento simplesmente definiria outro direito: o direito de casar. É tão discriminatório quanto o texto da Constituição que diz que uma pessoa com 17 anos não pode votar.

P: Duas pessoas que se amam não deveriam se comprometer uma com a outra?

R: Certamente, e as pessoas fazem isso o tempo todo. Mas não necessariamente chamamos isso de casamento. Existem muitos tipos de compromisso amoroso que não o casamento. Amigos estão comprometidos uns com os outros, um pai está comprometido com um filho e os avós estão comprometidos com os netos. Todos esses exemplos são formas de amor. Todos eles exigem compromisso. Nenhum desses compromissos é casamento.

P: O que há de errado em deixar os homossexuais se casarem?

R: Tudo. O casamento é definido pelo Deus da natureza, e uma sociedade sábia deve proteger o casamento para que permaneça como sempre foi. O casamento é a maneira pela qual nossa cultura promove a monogamia, fornece uma maneira de homens e mulheres construírem uma vida juntos e garante que todo filho tenha uma mãe e um pai.

P: Os homossexuais não podem produzir filhos, mas muitos casais formados por um homem e uma mulher também não podem. Qual é a diferença?

R: Essa é a exceção, não a regra. Muitos casais sem filhos adotam crianças, e, dessa forma, seus filhos adotivos recebem os benefícios de ter tanto um pai como uma mãe. É impossível a um casal homossexual conceder esse benefício a qualquer criança, mesmo que a adote ou use métodos de inseminação artificial.

P: O que dizer de pessoas que são velhas demais para ter filhos, até mesmo adotivos?

R: A razão de apoiar a instituição do casamento não tem como base apenas a criação de filhos. O homem e a mulher foram feitos um para o outro, e o Estado tem como obrigação proteger essa antiga e inegável verdade.

P: Não é verdade que a maior necessidade das crianças é de pais amorosos, independentemente de ser o pai ou a mãe?

R: Não. Os filhos precisam de uma mãe amorosa e de um pai amoroso. Inúmeras pesquisas realizadas nos últimos trinta anos mostraram isso. A mãe mais amorosa do mundo não pode ensinar um menino a ser um homem. Do mesmo modo, o homem mais amoroso do mundo não pode ensinar sua filha a ser uma mulher. Um homem *gay* não pode ensinar seu filho a amar e se importar com uma mulher, nem uma lésbica pode ensinar sua filha a amar um homem ou saber o que procurar em um marido. Será o amor suficiente para ajudar dois pais *gays* a orientarem sua filha durante seu primeiro ciclo menstrual? Diferentemente de uma mãe, eles não podem confortá-la contando a ela como foi sua primeira experiência. Meninos e meninas precisam de influência amorosa diária do lado masculino e do feminino para se tornar quem eles precisam ser.

P: Mas não é melhor uma criança crescer com dois pais amorosos do mesmo sexo do que viver num lar no qual se pratica abuso ou ser jogada de um abrigo para outro?

R: Você está comparando o pior de uma situação (criação heterossexual abusiva) com a melhor de outra (criação por pais amorosos do mesmo sexo). Isso é misturar banana com laranja. A verdade é que pesquisas revelam que o abuso infantil tem o menor nível entre crianças que vivem com os dois pais biológicos, comparado com índices mais altos entre crianças que vivem com pelo menos um pai ou responsável não biológico. As situações de criação de filhos por pai do mesmo sexo impossibilitam a criança de viver com ambos os pais biológicos, aumentando, assim, o risco de sofrerem abuso.

P: Por que os *gays* não têm o mesmo direito legal de se casar que os heterossexuais?

R: Todas as pessoas têm o mesmo direito de se casar, contanto que permaneçam dentro da lei. Você não pode casar se já for casado; não pode casar com um parente próximo; um adulto não pode casar com uma criança; você não pode casar com seu animal de estimação; e você não pode casar com uma pessoa do mesmo sexo.

P: Os homossexuais não nasceram assim? Não é, portanto, intolerância proibi-los de se casar?

R: Há muitas tentativas por parte de pesquisadores de provar que os homossexuais nasceram assim. Nenhum conseguiu prová-lo. A maioria dos pesquisadores conclui que as tendências homossexuais são formadas no início da infância e dizem respeito à não criação de um elo entre a criança e um dos pais.

P: A proibição do casamento *gay* não é o mesmo que a proibição do casamento inter-racial?

R: De forma nenhuma! Ser negro ou branco, hispânico ou asiático, não é o mesmo que ser homossexual. A proibição do casamento interracial foi inventada para manter duas raças separadas; isso é totalmente errado. O casamento é o método de Deus e da sociedade de unir duas pessoas de sexos opostos; isso é totalmente certo.

P: Mas já não vimos todo tipo de diversidade familiar nas diversas civilizações da História?

R: Não. Os antropólogos nos dizem que toda sociedade humana é estabelecida por homens e mulheres que se juntam em uniões permanentes para construir uma vida juntos e para ter e criar seus filhos. As diferenças que vemos nas famílias de cultura para cultura são basicamente variações do seguinte modelo: quanto tempo homem e mulher permanecem juntos, quantos cônjuges cada um pode ter e como o trabalho é dividido. Mas nunca houve uma cultura ou sociedade na qual o casamento homossexual tenha sido padrão.

P: De que maneira o "casamento" homossexual de alguém pode ameaçar a família de todas as outras pessoas?

R: Os ativistas *gays* não estão pedindo apenas um casamento homossexual, embora eles costumem personalizar a questão ao dizer "não interfira na minha família, e eu não interferirei na sua". O que os ativistas querem é uma nova política social que diga que ter uma mãe e um pai não é melhor do que ter duas mães ou dois pais. Essa política viraria alguns princípios muito importantes de cabeça para baixo.

O casamento se tornaria simplesmente um relacionamento emocional, suficientemente flexível para incluir qualquer agrupamento de adultos que se amem. Se é justo que dois homens ou duas mulheres se casem, então por que não o seria entre 3, 5 ou 17? Os termos "marido", "esposa", "mãe" e "pai" se tornariam meras palavras sem significado. A paternidade poderia consistir em qualquer número de pessoas emocionalmente ligadas que cuidassem de uma criança.

P: Mesmo assim, com tantos divórcios, o casamento tradicional parece não estar se saindo muito bem.

R: Você está certo. O casamento não anda muito bem. Assim, o que deveríamos fazer? Eliminar as leis do casamento? Temos leis contra assassinatos, mas as pessoas continuam assassinando e sendo assassinadas. Que fazer? Eliminar as leis sobre assassinato? Claro que não. Quando as leis não funcionam, os legisladores devem procurar melhorá-las. Devemos trabalhar para fortalecer o casamento, e muitas pessoas estão fazendo exatamente isso. As altos índices de divórcio são um dos resultados de outra experiência malsucedida: o divórcio rápido e sem justificativa, chamado nos Estados Unidos de "*no-fault divorce*". Essas leis facilitam em muito que um cônjuge se livre dos problemas conjugais em vez de tentar resolvê-los. O divórcio rápido tem sido um enorme fracasso — pais e filhos têm se magoado e prejudicado mutuamente muito mais profundamente do que se poderia imaginar.

Os rebeldes pregadores do movimento em prol do divórcio rápido afirmavam que "até que a morte nos separe" não era uma parte assim tão importante do casamento. Estavam errados. Já a proposição do casamento entre pessoas do mesmo sexo afirma que a parte que diz "marido e mulher" não tem importância. Lá vamos nós de novo cair no mesmo fracasso.

P: Expandir o casamento para que ele inclua os homossexuais não ajuda na verdade a fortalecer o casamento?

R: É exatamente o oposto. Provas recentes na Holanda, comprovadamente a cultura mais "amiga" dos *gays* em todo o Planeta, revela que homossexuais masculinos têm enorme dificuldade de honrar os ideais do casamento. Um jornal médico britânico relata que os relacionamentos homossexuais masculinos duram, em média, dezoito meses e que os homens *gays* possuem, em média, oito parceiros por ano fora do relacionamento "oficial". Compare isso com o fato de que 67% dos primeiros casamentos nos Estados Unidos duram dez anos ou mais e que mais de 75% dos casais heterossexuais têm comprovado ser fiéis a seu cônjuge.

P: Os cristãos são chamados a mostrar compaixão e simpatia. Por que então deveríamos nos opor ao casamento gay, se pode trazer felicidade aos homossexuais?

R: Se alguém está caminhando em direção ao abismo, a reação compassiva é tentar deter a pessoa, não permitir que ela caia, e, então, oferecer-se para tratar de suas feridas interiores. O auge da compaixão é a união de pessoas de fé para se opor a esse desastre social em potencial — com sua litania de dor e sofrimento —, antes que seja tarde demais. Já vimos que o retrato positivo que a mídia faz da homossexualidade tem levado muitos jovens a ter esse comportamento. Se o governo sancionar o "casamento gay", muitos mais serão atraídos a esse estilo de vida destrutivo.

Desenvolvido por Glenn T. Stanton, diretor de pesquisa social e assuntos culturais da Focus on the Family. Com a participação de Pete Winn, editor associado da CitizenLink na Focus on the Family. Este material é uma adaptação do livrete da Focus on the Family intitulado *Is Marriage in Joepardy?* [O casamento está em risco?]. O livrete completo, com citações, está disponível on-line em <www.citizenlink.org>.

Recursos para pessoas interessadas

HALEY, Mike. **101 Frequently Asked Questions About Homosexuality**. Eugene, OR: Harvest House, 2004. Ex-homossexual, Mike Haley é gerente de questões ligadas ao gênero humano na Focus on the Family e presidente do conselho da Exodus International, o maior ministério cristão evangélico voltado a pessoas afetadas pela homossexualidade. Neste livro, Mike aborda questões pertinentes a um dos assuntos de maior polêmica nos Estados Unidos.

STANTON, Glenn T. **Why Marriage Matters**: Reasons to Believe in Marriage in Postmodern Society. Colorado Springs, CO: NavPress, 1997. Baseado em cem anos de pesquisa na área de ciências sociais, este livro examina a razão de o casamento tradicional e a família serem tão importantes para crianças, homens e mulheres em todas as escalas do bem-estar humano.

STANTON, Glenn T.; MAIER, Bill. **Marriage on Trial**: The Case Against Same-Sex Marriage and Parenting.

Downers Grove, IL: InterVarsity Press, 2004. Este livro ajuda o leitor a saber defender o casamento tradicional e explicar por que o "casamento" entre pessoas do mesmo sexo é tão danoso para a nossa cultura.

RECURSOS EM INGLÊS PARA OFERECER UMA RESPOSTA COMPASSIVA À HOMOSSEXUALIDADE

Exodus International. Veja <www.exodusinternational.org>. A Exodus International é a maior organização cristã evangélica de apoio a pessoas afetadas pela homossexualidade.

Love Won Out. Veja <www.lovewonout.com>. Este ministério da Focus on the Family promove a verdade que afirma que a homossexualidade é evitável e tratável — mensagem constantemente silenciada nos dias de hoje. O evento de conferências *Love Won Out* [O amor prevaleceu] visa a informar, inspirar e oferecer esperança a educadores, pais, pessoas interessadas e até mesmo ativistas *gays*.

National Association for Research and Therapy for Homossexuality (NARTH) [Associação Nacional para Pesquisa e Tratamento da Homossexualidade]. Veja <www.narth.com>. O objetivo principal dessa organização é disponibilizar terapia psicológica eficaz para todo homem e mulher homossexual que desejar mudar.

Pure Intimacy. Veja <www.pureintimacy.org/homossexuality>. Pure Intimacy [Intimidade Pura] é um ministério da Focus on the Family criado para ajudar pessoas afetadas por vícios na área sexual e distúrbios ligados à intimidade.

Esta obra foi composta em *Avenir LT Std* e
ITC New Baskerville Std e impressa por Imprensa da Fé
sobre papel *Offset* 63 g/m² para Editora Vida.